Gütersloher Taschenbücher / Siebenstern 176

Theodor Bovet

Zeit haben und frei sein

Zur Lebensgestaltung des modernen Menschen

Gütersloher Verlagshaus
Gerd Mohn

Originalausgabe

CIP-Kurztitelaufnahme der Deutschen Bibliothek

Bovet, Theodor:
Zeit haben und frei sein: zur Lebensgestaltung
d. modernen Menschen / Theodor Bovet. –
Orig.-Ausg., 4. Aufl., (25.–30. Tsd.). – Gütersloh:
Gütersloher Verlagshaus Mohn, 1979.
(Gütersloher Taschenbücher Siebenstern; 176)
ISBN 3-579-03728-5

ISBN 3-579-03728-5

4. Auflage (25.–30. Tsd.), 1979

Umschlagentwurf: Dieter Rehder, Aachen
Gesamtherstellung: Clausen & Bosse, Leck
Printed in Germany

INHALT

IV. ZEIT-GEMÄSS LEBEN

Vorrede

Dieses Buch wendet sich an den vielbeschäftigten, von allen Seiten gehetzten Menschen, der eigentlich keine Zeit hat, es zu lesen. Dabei hoffe ich zuversichtlich, daß er nach dem Lesen mehr Zeit haben und diese Zeit mehr genießen wird als vorher.

Das Ganze ist in kurze Kapitel eingeteilt, die man leicht in einem Zug bewältigen kann, auch wenn man abends müde heimkommt. Man kann das eine oder andere auch vorerst auslassen, wenn einem dieser oder jener Aspekt im Augenblick nicht zusagt, ohne den Zusammenhang zu verlieren. Dennoch bilden sie erst miteinander ein Ganzes.

Worum es hier geht, ist die Frage nach dem Sinn unseres Lebens. Sie wird aber nicht auf Grund tiefer philosophischer Weisheiten beantwortet, sondern anhand unserer alltäglichen Erfahrung von der Zeit erläutert: Wir alle leben in der Zeit, verbrauchen Zeit, haben keine Zeit, rennen nach der Zeit – und einmal ist unsere Zeit abgelaufen. Was hat das für einen Sinn? Wohin führt unser Leben in der Zeit?

Wir kommen dabei freilich nicht umhin, das Wesen der Zeit, ja das Geheimnis der Zeit von verschiedenen Seiten her zu beleuchten, weil diese in verschiedenen Wissenschaften eine andere Bedeutung hat. So werden wir bei den Physikern, den Biologen, den Psychologen und sogar den Bibelexegeten anfragen, was sie unter »Zeit« verstehen.

Der eine oder andere Leser wird vielleicht finden, dieses oder jenes Kapitel sei »zu wissenschaftlich«; ein anderer wird im Gegenteil urteilen, höchst komplizierte Probleme seien hier sträflich vereinfacht worden. Beide seien daran erinnert: Es geht uns nicht um eine nach allen Seiten abgerundete Betrachtung über das Phänomen Zeit, sondern um eine praktische Hilfe bei einem Minimum an Theorie.

Wenn ein Christ über den Sinn des Lebens schreibt, kann er nicht anders als auch seine persönliche Erfahrung von Gott einbeziehen. Er möchte aber damit niemand abschrecken, der diese Erfahrung nicht hat oder sie anders durchmachte. Das Erlebnis der Zeit ist allen Menschen gemeinsam, Christen und Nichtchristen, Gottgläubigen und Atheisten. Wir wollen versuchen, für alle gemeinsam, nach seinem Sinn zu suchen, ohne einander zu einer bestimmten Ideologie bekehren zu wollen. Denn es gibt nur eine Wahrheit.

I. Von der Zeitnot

1. »Zeit ist Geld«

So, wie die Menschen nach dem Geld rennen und an ihm leiden, so rennen sie auch nach der Zeit und leiden an ihr. In einer Stunde hoffen sie eine bestimmte Summe Geld zu verdienen, und mit einer Summe Geld hoffen sie eine Anzahl Stunden zu gewinnen.

So, wie unsere Kultur an der Geldsucht und am Geldkult leidet, so leidet sie auch an der Zeitsucht und am Zeitkult. Wer in der kürzesten Zeit achthundert Meter läuft oder zehntausend Kilometer fährt, der ist der Held des Tages; wessen Maschine in der Stunde hundert Stück mehr herausbringt, der ist ein großer Erfinder und verdient viel Geld.

Aus diesem Grunde verfügen wir nicht mehr frei über unsere Zeit; sondern die Maschine diktiert das Tempo unseres Lebens. Wir müssen uns beeilen; denn der Zug fährt 10 Uhr 53. Der Arbeiter muß Überstunden machen, damit die Lieferfrist eingehalten wird. Der Handwerker muß seinen Betrieb motorisieren, um der Konkurrenz standzuhalten; um die Maschinen abzuzahlen, muß er seinen Absatz erweitern, wirksamer werben und viel mehr arbeiten. Und wiederum zwingt das die andern Handwerker, Schritt zu halten, wenn sie nicht verhungern wollen. Der langsame Wagen auf der vielbefahrenen Straße ist ein schweres Verkehrshindernis; so ist der Mensch, der sich nicht beeilen will, in unserer Gesellschaft unmöglich geworden. Wir werden gehetzt und sind alle gehetzt und reißen andere mit in die Hetze. Paradoxerweise erwähnen wir unsere Zeitknappheit mit einem gewissen Stolz so, wie ein Geschäftsmann seinen großen Umsatz erwähnt. Wer immer »keine Zeit« hat, so denken wir, dessen Stunden müssen wohl sehr kostbar sein; also verdient er auch viel mehr als andere Menschen. Hut ab vor ihm! In diesem Sinne sind wir stolz, zu den Menschen zu gehören, die keine Zeit haben.

Die Folge dieser Überbewertung der Zeit ist unsere panische Angst, Zeit zu verlieren. Wir ärgern uns maßlos, wenn wir die Straßenbahn verfehlen und sechs Minuten warten müssen, wenn ein Kunde nicht zur abgemachten Zeit erscheint, wenn das Telephon besetzt ist im Augenblick, wo wir es brauchen. Wiederum empfinden wir den Zeitverlust ganz ähnlich wie den Geldverlust.

Die Ursache der Zeitnot und Hetze des modernen Menschen liegt in seiner Sucht nach Erfolg und Sicherheit; ihre unmittelbare Folge ist die Übermüdung, das Bedürfnis nach Aufpeitschung durch Alkohol, Zigaretten und andere Reizmittel, dann kommt die »Managerkrankheit« und der plötzliche Zusammenbruch zwischen fünfzig und sechzig Jahren. Ein Blick auf die Todesanzeigen genügt.

Und doch gibt es Menschen, die Zeit im Überfluß haben: Patienten eines Sanatoriums, Arbeitslose, die stempeln gehen, Soldaten in ihrer Freizeit, pensionierte Angestellte. Ist es für sie denn anders? Nein, die Wertung der Zeit als Geld gilt auch für sie, aber es ist gewissermaßen ein entwertetes Geld, ein Geld aus der Inflationszeit, das uns in der Tasche brennt und möglichst rasch irgendwo ausgegeben werden muß. Deshalb müssen sich diese Menschen irgendwie die Zeit vertreiben, mit Kartenspiel oder Kino, mit Rauchen oder Kreuzworträtseln.

Geld hat keinen Wert an sich, sondern nur im Hinblick auf die Dinge, die damit erworben werden können. Oder dann, wird es vom Geizhals wie ein Fetisch behandelt und nutzlos im Kasten verwahrt. Sofern wir die Zeit wie Geld betrachten, hat sie auch keinen Wert an sich, sondern nur im Hinblick auf die Dinge, womit wir sie ausfüllen. Es gibt auch Zeitgierige und Zeitgeizige, die Stunden und Minuten sparen und sie nutzlos in Sorgen verleben.

Wie die Menschen um ihr Geld Angst haben, so haben sie auch Angst um die Zeit, die vor ihnen liegt, um die Zukunft. Ja, alle Angst ist vielleicht Zukunftsangst. Das beruht wiederum darauf, daß wir uns die Zeit als einen leeren Raum vorstellen, und wir wissen nicht, womit er ausgefüllt wird. Um uns zu beruhigen, machen wir Zukunftspläne, wir schließen Versicherungen ab, legen Vorräte an und versuchen, mit schwarzen Künsten den Schleier zu lüften. Aber wir wissen nicht, ob in den nächsten fünf Minuten unser Herz noch schlagen wird. Die leere Zeit ist unpersönlich, und deshalb haben wir Angst.

Aber die wirkliche Zeit ist von der Art des Geldes ganz und gar verschieden. Sie ist kein Hohlraum, in den man möglichst viele Dinge hineinpressen kann; sie ist keine gähnende Leere, die man durch Zeitvertreib ausfüllen muß; sie ist keine Münze, die sich aufstapeln läßt.

Die Zeit ist vielmehr von der Art des Lebens, das uns geheimnisvoll geschenkt, das in eigenartigem und unabänderlichem Rhythmus dahinfließt, das wiederum geheimnisvoll aufhört, um sich in ewiges Leben zu wandeln.

»Zeit ist Geld« ist eine der verhängnisvollsten Irrlehren unserer Kultur. Wenn wir uns von ihr befreien, wenn wir dem Fluch der Hetze entgehen und die Zeit auch nicht mehr zu vertreiben suchen, dann wird wirklich eine neue Zeit anbrechen.

In den nächsten Abschnitten wollen wir dennoch vorläufig diese Analogie von Zeit und Geld beibehalten, um anschaulicher zu demonstrieren, wie wir üblicherweise mit der Zeit umgehen. Erst nachher werden wir versuchen, den Begriff der Zeit tiefer zu erfassen.

Zeit verlieren und Zeit gewinnen

Es ist später, als du denkst.
Spruch auf einer Sonnenuhr

Jedem von uns sind täglich 1440 Minuten zu 60 Sekunden gegeben, keine mehr und keine weniger. In 50 Jahren verfügen wir über 438.288 Stunden. Rechnen wir genügend Zeit für Schlaf, Essen, Erholung, geselliges Leben, und setzen wir pro Jahr 11 mal 200 Arbeitsstunden an, ergibt das für 50 Jahre rund 110.000 Arbeitsstunden oder 6,6 Millionen Minuten. Man mag diese Zahlen »groß« oder »klein« finden, sie grenzen ungefähr das Höchstmaß an effektiver Arbeitszeit ab, das uns in einem langen Leben beschieden ist. Während es Menschen gibt, die in dieser Zeit keine 100.000 DM verdient haben, andere aber über Milliarden verfügen, sind wir im Hinblick auf unsere Lebensstunden völlig gleichgestellt. Wessen Uhr abgelaufen ist, der legt sich zur Ruhe, ganz unabhängig davon, ob seine Geschäftsbilanz positiv oder negativ ist.

In Anbetracht dieser Tatsachen sollte man meinen, daß wir mit unserer kostbaren, unersetzlichen Zeit noch sehr viel behutsamer umgehen als mit unserm Geld. Erstaunlicherweise ist dem aber nicht so. Wir verlieren einen hohen Prozentsatz unserer Zeit, ohne dessen überhaupt gewahr zu werden. Dabei verstehen wir unter »verlorener Zeit« nicht etwa die Zeit, in der wir nichts verdienen, oder die Zeit, in der wir auf irgendeine Weise das Leben genießen, spielen oder bewußt nichts tun. Als »verlorene« bezeichnen wir vielmehr die Zeit, in der wir nichts leisten oder lernen, nichts genießen und niemand erfreuen. Einige Beispiele mögen das veranschaulichen:

Eine bestimmte Arbeit muß erledigt werden, aber wir mögen damit nicht beginnen und lassen uns durch hundert Kleinigkeiten abhalten. Haben wir einmal begonnen, blikken wir immer wieder zum Fenster hinaus auf die Straße oder auf die Illustrierte auf dem Tisch. Mehrmals stehen wir auf und schauen etwas nach, das wir jetzt gar nicht brauchen.

Nach drei Stunden haben wir die Arbeit seufzend erledigt; hätten wir konzentriert gearbeitet, hätte sie weniger als eine Stunde beansprucht und wäre besser herausgekommen. Zwei Stunden sind hier verlorengegangen.

Eine große Rolle spielen bei dieser Art des Zeitverlierens die halb unbewußten Tagträumereien. Mitten in der Arbeit sinnen wir einem lust- oder unlustbetonten Erlebnis nach, und wir phantasieren noch etwas darum herum; wir verlieren uns in einen Plan für die nahe oder weite Zukunft oder malen uns eine drohende Gefahr aus. So schweifen wir in der Vergangenheit und Zukunft umher, wir sind nur nicht in der Gegenwart. Solche Träumereien sind viel häufiger als wir denken, und sie verschlucken viel Zeit.

Nicht wenige Menschen werden durch sogenannte Zwangserscheinungen an der Arbeit behindert. Sie können nicht anfangen, bevor nicht auf dem Schreibtisch eine peinliche Ordnung herrscht, ja bisweilen nehmen die Vorbereitungen auf die Arbeit die Form eines richtigen »Zeremoniells« an, das bis in alle Einzelheiten durchgeführt sein muß. Passiert ihnen bei der Arbeit ein kleiner Fehler, können sie keine Korrektur anbringen, sondern es muß alles von vorn begonnen werden. Natürlich wird jede Arbeit nicht nur äußerst gewissenhaft ausgeführt, sondern sie muß auch zwei- oder dreimal genauestens nachgeprüft werden. Während einzelne auf diese pedantische Gewissenhaftigkeit stolz sind, empfinden sie andere als eine schwere Plage und sind sich ihres krankhaften Charakters voll bewußt. Die fragliche Qualitätsverbesserung dieser Arbeit steht jedenfalls in keinem Verhältnis zur längeren Dauer, die sie beansprucht.

Am meisten Zeit verlieren wir aber wohl durch mangelnde Planung und Zeiteinteilung. Wir müssen einen Gang zwei- oder dreimal wiederholen, weil wir nicht im voraus überlegten, was dort alles zu besorgen war. Eine lange Rechnung muß von vorn begonnen werden, weil eine ihrer Ausgangszahlen nicht kontrolliert wurde. Ein ganzes Unternehmen versandet nutzlos, weil Endziel und Teilstrecken zu wenig klar umrissen wurden. Unpünktlichkeit bei Abmachungen, ungenaue Angaben oder Ablegen eines Briefes in die falsche Mappe verursachen große Zeitverluste ohne jeden Gewinn.

Diesen wenigen Beispielen ist gemeinsam, daß der Zeitverlust weitgehend unbemerkt, ja vielfach unbewußt erfolgt. Würde ein unsichtbarer Beobachter die Zeit auf der Stoppuhr messen, die wir auf diese Weise im Lauf eines einzigen Tages verlieren, wir würden es ihm nicht glauben. Wie Wasser, das wir in einem porösen Gefäß tragen, so versickert unsere Zeit, ohne daß wir angeben könnten, wohin.

Arbeitspsychologen haben verschiedene Methoden ausgearbeitet, um diese Zeitverluste herabzusetzen, und die erzielten Erfolge sind bisweilen verblüffend. Ihre Schüler berichten, daß sie nicht nur beruflich mehr leisten, sondern auch plötzlich für ihre Familie oder ihre Liebhabereien freie Zeit bekommen. Bei diesen Methoden handelt es sich aber nie um einfache Tricks, sondern um eine systematische Umstellung der ganzen Lebensstruktur. Das sieht man, um nur ein Beispiel zu erwähnen, an der Methode des »Instituts für optimale Arbeits- und Lebensgestaltung« von Josef Hirt in Zürich. Die erwähnten Zwangserscheinungen bedürfen allerdings im allgemeinen einer richtigen Psychotherapie. Gerade die Arbeitspsychologie zeigt uns, wie das Zeitproblem nicht isoliert dasteht, sondern sämtliche Aspekte des Lebens miteinbezieht.

Dementsprechend haben wir alle unsere Privatmethoden, mit der Zeit umzugehen:

Da sind einmal die Tüchtigen, die ein Arbeitsprogramm aufstellen und mit eiserner Energie durchführen. Was nicht unbedingt dazugehört, wird konsequent auf die Seite geschoben; Vergnügen und sonstige Allotria werden nur rationiert genossen. Zweifellos leisten diese Menschen erstaunlich viel Arbeit; indessen ist es recht fraglich, ob sie – und insbesondere ihre Familien – damit auch glücklich sind.

Am entgegengesetzten Ende stehen die Augenblicksmenschen. Diese stellen nie ein Programm auf, sondern handeln nach dem augenblicklichen Einfall. So haben sie für den gegenwärtigen Menschen immer Zeit; sie sind verfügbar, wenn man sie ruft; alle Leute haben sie gern. Dafür können sie keine Verabredung einhalten; denn immer wird sie im letzten Augenblick von etwas anderem durchkreuzt. Leicht fangen sie ein Werk an, nie wird es beendet, da inzwischen zehn andere begonnen und verlassen wurden.

Zwischen diesen beiden Extremen stehen wir alle, die wir aus der Menge unserer Aufgaben eine gute Auswahl zu treffen versuchen. Die einen erledigen immer zuerst das Unangenehme und werden meistens auch damit nicht fertig; die andern fangen mit dem Angenehmen an, und das weniger Angenehme bleibt ewig ungetan. Die einen sorgen in erster Linie für das, was ihnen Geld einbringt, andere suchen die Ehre, wieder andere menschliche Sympathie oder erotische Spannungen. Die Art unserer Zeitverteilung ist ein getreuer Spiegel unserer geheimen, oft sogar unbewußten Interessen.

Wie wenig *frei* wir unsere Zeit investieren, zeigt Milani Comparetti an einem überraschenden Test: Machen wir eine Liste der wichtigsten menschlichen Interessen – etwa: Familie, Freunde, Beruf, Kunst, Sport, Religion, soziale Betätigung usw. – und setzen wir hinter jeden Titel eine Zahl zwischen 1 und 10, die den Wert angeben soll, den wir diesem Interesse beimessen. Hinter diese Wertnote schreiben wir die Zeit auf, die wir täglich durchschnittlich dem betreffenden Gebiet widmen. Wir sind dann höchst erstaunt festzustellen, wie stark die ideelle Wertung und der tatsächliche Zeitaufwand voneinander abweichen.

Solche Erkenntnisse ermahnen uns, ein für allemal einzusehen, daß wir nicht »alles« tun können, was wir eigentlich tun möchten oder auch nur tun sollten. Wir müssen deshalb notwendigerweise eine Auswahl treffen: Das Allerwichtigste müssen wir zuerst an die Hand nehmen, wenn Zeit übrigbleibt, noch etwas vom Wichtigsten — und dann lassen wir getrost alles Weitere liegen. Bei dieser wertenden Auswahl denken wir nicht nur an unsere beruflichen Aufgaben, sondern an unser gesamtes Leben. Das Familienleben, die Zeit mit Freunden oder unsere Beziehungen zu Kunst und Natur gehören mit zum »Allerwichtigsten« und dürfen nie »grundsätzlich« aus irgendeinem falschen Pflichtgefühl dem Beruf geopfert werden.

Abschließend kommen wir nochmals auf die richtige *Planung* zurück. Zu ihr gehört die Rationalisierung und Delegation unserer Arbeit. Zu deutsch: Die Arbeit soll auf möglichst sach- und zweckgemäße Art ausgeführt und einem Mitarbeiter übertragen werden, wenn dieser sie besser, rascher oder billiger ausführen kann. Es hat keinen Sinn, komplizierte Rechnungen im Kopf auszuführen, wenn sie eine Maschine viel rascher und sicherer fertigbringt. Es hat keinen Sinn, daß der Direktor gewöhnliche Geschäftsbriefe mühsam mit zwei Fingern tippt, wenn es die Sekretärin viel besser kann. Das ist jedem klar. Nicht so selbstverständlich ist es aber, daß jeder Chef möglichst viele Kompetenzen an die geeigneten Mitarbeiter abtrete, um selber für neue und schöpferische Aufgaben frei zu sein. Dazu kommt, daß er bei Abwesenheit, Urlaub oder Krankheit durch diese Mitarbeiter vertretbar, ja ersetzbar sein sollte, damit nicht der ganze Betrieb ins Stocken gerät. Das erfordert Organisationstalent, pädagogische Geduld und vor allem ein gutes Maß Selbstkritik. Denn es könnte ja vorkommen, daß der Mitarbeiter die an ihn delegierte Aufgabe ebenso gut oder gar besser lösen würde als der Chef...

Wenn's hoch kommt, dauert ein Menschenleben etwas mehr als 25.000 Tage. Wir müssen dieser unersetzlichen »Zeitsubstanz« Sorge tragen und dürfen sie nie sinn- und spurlos versickern lassen. Erst recht dürfen wir die Tage und Stunden unserer Nächsten – das sind unter andern unsere Nachbarn, Mitarbeiter und Angestellten – nicht sinnlos verderben, selbst wenn wir sie für diese Zeit entlohnen.

3. »Zeit-Krankheiten«

Die Eile ist vom Teufel.
Arabisches Sprichwort

Unter diesem Titel wollen wir einige krankhafte Zustände zusammenfassen, die wenigstens zu einem Teil durch falsche Einstellung zur Zeit bedingt sind.

Wir alle kennen die *Hetze*, die dadurch entsteht, daß wir uns zu einer bestimmten Aufgabe zu wenig Zeit gönnen oder in einer bestimmten Zeit zu viele Aufgaben lösen wollen. Wir geraten dadurch in eine erhöhte innere Spannung, das Feld unserer Aufmerksamkeit verengt sich, so daß wir die Übersicht verlieren, wir stehen unter der Angst, nicht rechtzeitig fertig zu werden. Die Hetze vermehrt die Fehler oder gar die Unfälle bei der Arbeit, und sie macht diese zur Last statt zur Lust.

Meistens werden wir mit der gehetzten Arbeit nicht so rasch fertig, wie wir dachten; wir müssen einen Teil unserer Freizeit hinzunehmen oder das unfertige Werk auf morgen verschieben. Wie oft wirkt sich das dann auf unsern Schlaf aus, in dem wir von der nicht beendeten Arbeit träumen.

Die moderne Medizin spricht viel von *Stress*. Man versteht darunter den Zustand, der durch heftige Reaktionen des Organismus auf Umwelteinflüsse herbeigeführt wird. Diese Einflüsse können verschiedenster Art sein: Lärm, Unruhe der Umgebung, Beleidigungen, plötzlich drohende Gefahr, Überbeanspruchung oder Hetze. Dieser Stress, der physiologisch vor allem mit einer Ausschüttung von adrenokortikotropem Hormon (aus der Nebenniere) besteht, stellt zunächst eine zweckmäßige Schutz- und Anpassungsreaktion dar. Dauern aber die erregenden Umwelteinflüsse (Stressoren genannt) zu lange an, erschöpft sich die Widerstandskraft, und es beginnen einerseits körperliche Störungen aufzutreten, andrerseits entsteht eine zunehmende seelische Apathie, die man durch immer stärkere Reize zu bekämpfen sucht. Der Stress stellt also die momentane Konzentration aller Abwehrkräfte auf einen Punkt dar; das ist so lange sinnvoll, als eine genügende Erholungspause darauf folgt, um das Gleichgewicht wiederherzustellen. Tritt diese Pause aber nicht ein, entsteht notwendigerweise eine Unterbilanz. Es kann recht sein, zu einem bestimmten Zweck Geld aufzunehmen und es nachher abzuzahlen, aber man kann auf die Dauer nicht vom Schuldenmachen leben. Nun spielt unter allen »Stressoren« die Hetze mit der Zeit wahrscheinlich die wichtigste Rolle, und so lohnt es sich, dem Umgang mit der Zeit besondere Aufmerksamkeit zu schenken.

Die Apathie, die durch eine dauernde Stress-Situation bewirkt wird, sucht man durch stärkere Reize zu überwinden, also einen noch stärkeren Stress hervorzurufen. Wer sein gesundes Schlafbedürfnis mit starkem Kaffee nicht mehr überwinden kann, greift zu Amphetamin oder Pervitin in immer stärkeren Dosen. Dann ist er wenigstens sicher, sein Nervensystem zu ruinieren. Und wer den ganzen Tag im Geschäft gehetzt war und drei Telephonapparate auf seinem Schreibtisch zu bedienen hatte, der sieht sich abends im Fernsehen einen Catch-as-catch-can oder einen atemraubenden Krimi an. Junge Menschen machen sich bei andauerndem Stress Luft mit Gewalttaten irgendwelcher Art, produktiven aber auch destruktiven. Viele Erscheinungen des heutigen Alltags: Zigaretten-Kettenrauchen, »Drink-Sucht«, »harte« oder »sexy« Filme, Illustrierte und Sensationsblätter mit aufpeitschenden Titeln und Bildern, die »schonungslose« Darstellung intimer, ungewohnter krimineller oder pathologischer Szenen – das alles und noch vieles andere bildet das logische Gegengewicht zum übermäßigen Stress, dem der heutige Mensch jeden Alters ausgesetzt ist. Nur führt dieses Gegengewicht nicht zu einem stabilen, sondern im Gegenteil zu einem höchst labilen und kurzdauernden Gleichgewicht.

Mit diesen wenigen Beispielen haben wir bereits die Erscheinung der *Sucht* skizziert. Ein eigenartiges Tierexperiment mag ihre Entstehungsweise noch deutlicher veranschaulichen: Eine Katze befindet sich in einem Versuchskäfig mit drei Näpfen. Im ersten findet die Katze ein Stück Fleisch, wenn sie auf eine bestimmte Taste tritt, im zweiten Napf befindet sich Milch und im dritten ein Gemisch von Milch mit Alkohol. Normalerweise trinkt die Katze nur die reine Milch und meidet das Alkoholgemisch. Nun ändert man die Versuchsanordnung, indem beim Bedienen der Taste nur ab und zu Fleisch erscheint, dazwischen aber unangenehme Reize, wie ein Luftzug oder ein Wasserstrahl, ausgelöst werden. Die Katze erschrickt, wird allmählich unsicher und ängstlich, und nun fängt sie an, immer häufiger von der alkoholisierten Milch zu trinken. Zuletzt ist ihr Benehmen völlig verändert, sie ist mißmutig, apathisch und verwirrt. Wird ihr von diesem Augenblick an im ersten Napf wieder regelmäßig Fleisch geboten, dann kommt die Katze ganz allmählich wieder in ihren ursprünglichen Zustand zurück und trinkt die alkoholisierte Milch nicht mehr. Dieser Versuch zeigt überaus klar, wie der immer wiederholte Stress der Enttäuschung und des Ärgers die Katze zum abnormen Reiz des Alkohols greifen und sie dadurch süchtig werden läßt. Die Wiederherstellung normaler Zustände und die Beendigung des Stress heben die Süchtigkeit wieder auf.

Die »Tablettensucht« mit den verschiedensten Medikamenten hat in den letzten zwanzig Jahren stark zugenommen, und zwar nicht, wie es früher war, unter seelisch etwas angeschlagenen Menschen, sondern meist unter den überforderten Berufstätigen. Es ist klar, daß die Hetze an dieser Überforderung eine große Rolle spielt, mit andern Faktoren zusammen.

Daß dauernder Stress, wie ihn die chronische Zeitnot und Hetze bedingen, die verschiedensten *körperlichen Störungen* hervorbringen kann, ist hinlänglich bekannt. Je nach der Konstitution und der Grundstimmung des Betroffenen können sie sich in Zirkulationsstörungen, Magengeschwüren oder Ekzemen äußern; dagegen ist nach neueren Untersuchungen die Beziehung zwischen Herzinfarkt und Stress nicht so einfach, wie man bisher annahm. Man wird also bei allen »psychosomatisch« oder »vegetativ« bedingten Krankheiten an die Möglichkeit eines unangepaßten Umgangs mit der Zeit denken müssen.

Schließlich sind die vielfachen *Beziehungsstörungen* zu erwähnen, die entstehen, wenn ein Mann von seiner Arbeit so besessen ist, daß er ihr praktisch seine ganze Zeit widmet. Freundschaften und vor allem die Beziehungen zur Frau und zu den Kindern fordern unerbittlich Zeit, viel freie Zeit. Wer diese nicht mehr aufbringt, erlebt eine allmähliche, aber sichere Entfremdung von seiner Familie und seinen persönlichen Freunden. Ich kenne dafür keine eindrücklichere Illustration als das Hörspiel von Herbert Eisenreich »Wovon wir leben und woran wir sterben«.* Die Frau eines rasch aufgestiegenen Werbetexters erklärt ihm, wie lange sie schon, trotz äußerlicher Verwöhnung, stets nach seiner Gegenwart lechzte und allmählich fühlte, wie ihre Seele starb. Jetzt, da er zur Einsicht kommt und neu anfangen möchte, geht es nicht mehr. »Erst jetzt – habe ich es gemerkt... daß ich tot bin... Es ist jetzt nichts mehr rückgängig zu machen... Es *ist* zu spät.« Das Gespräch bringt keine Lösung; apathisch, endgültig resignie-

* Band 223 der Furche-Bücherei.

rend, nur mehr mechanisch wiederholt der Mann einigemal: »Was sollen wir tun? ... Was sollen wir tun?«

Das Absterben der Beziehungen ist wahrscheinlich die schlimmste unter den »Zeit-Krankheiten«.

Mit vielen praktischen Beispielen und glänzenden Formulierungen werden die Zeitkrankheiten von einem Wirtschaftler, Jürgen Eick, und einem Arzt und Psychotherapeuten, Kurt Gauger, unter dem treffenden Namen »Angina temporis« geschildert. Wir werden noch später einige Gedanken daraus anführen. Eine seelsorgerliche Hilfe gegen die Zeitkrankheiten gibt Hans Stroh in »Der Terminkalender«.*

* Band 186 der Furche-Bücherei.

II. Vom Erlebnis der Dauer

4. Wie erleben wir die wirkliche Dauer?

> Tief ist das Geheimnis der Zeit. Was unsere Uhren messen im Umlauf des Tages, ist nur ein kindlicher Notbehelf und rührt nicht an das Wunder des Erlebens, der immer neuen Entwicklung.
>
> *Aus: Vinzenz Erath, Das blinde Spiel*

Bis jetzt haben wir die Zeit als eine reine Quantität betrachtet, die exakt meßbar ist und sich selber gleichbleibt: 1 Tag = 24 Stunden, 1 Stunde = 60 Minuten, 1 Minute = 60 Ausschläge des Sekundenpendels. Das scheint jedem klarzusein. Und doch stimmen diese Gleichungen in Wirklichkeit nicht. Die Zeit, die einer Umdrehung des Minutenzeigers auf unserer Uhr entspricht, hat eine ganz andere Dauer, je nachdem, ob sie ein Geschäftsmann an seinem Direktionspult erlebt oder ein Liebespaar im Walde oder ein Patient mit einer frischen Lähmung oder ein Schiffbrüchiger, der auf einem Brett mit den Wellen kämpft.

Man wird einwenden, daß diese verschiedenen Menschen alle ein subjektives, also ein objektiv falsches Zeitgefühl haben, während die Uhr die allein gültige Zeit angibt. Könnte es indessen nicht auch umgekehrt sein? In dieser Stunde faßt der Chef Entschlüsse, von denen Erfolg oder Untergang seiner Gesellschaft abhängen. Was kümmert ihn schon die Uhr? An diesen Spaziergang im Walde wird das Liebespaar noch in fünfzig Jahren denken als an einen absoluten Höhepunkt des Lebens. Waren es Sekunden, Minuten, Stunden, eine Ewigkeit? – Was macht das aus? Für den Gelähmten dagegen steht alles still. Man muß vergessen haben, seine Uhr aufzuziehen, denn sie zeigt immer ungefähr auf die gleiche Stunde. Daß er morgen, übermorgen und die nächste Woche erdauern wird, scheint ihm gar nicht möglich. Für den Schiffbrüchigen schließlich sieht das ganze Zeitproblem so aus: Wird mich das Rettungsboot finden, bevor ich ganz erstarrt bin und mein Brett loslasse? Unser ganzes Leben besteht aus erlebter Dauer, nicht aus aneinandergereihten Minuten und Stunden.

Jeder von uns hat seinen persönlichen Rhythmus, ja sogar innere Gezeiten, die den Tag, den Monat und das Jahr in spezifischer Weise auf- und abschwellen lassen: Manche arbeiten frühmorgens leichter als am Abend, andere haben es gerade umgekehrt. Wir haben fruchtbare und unfruchtbare Stunden, leichte und schwere Tage, Monate, wo wir voll Unternehmungslust sind – für viele etwa April und Mai – und solche, wo wir, nach innen gekehrt, geheimnisvolle Stimmungen erleben – etwa im November und Dezember. Die meisten Frauen erleben ihre zyklischen Monatsschwankungen bald anregend, bald dämpfend, aber auch bei vielen Männern bestehen zyklische Perioden von einigen Wochen.

Gelingt es uns, unsere Arbeit diesen inneren Rhythmen einigermaßen anzupassen, dann können wir mit weniger

Mühe viel mehr leisten, als wenn wir gezwungen sind, uns wie Automaten nach den gleichförmigen Stunden der Uhr zu richten. Ein einfaches Beispiel: Wenn wir vier Kilometer im Eiltempo gehen müssen, ermüden wir mehr, als wenn wir sie in unserm gewohnten Schritt zurücklegen; aber wir werden noch müder, wenn wir sie allzu langsam, etwa in Begleitung eines Kindes oder einer alten Dame, abschreiten. Genau dasselbe gilt von unserem Arbeitstempo: Der eine kann nur gemächlich arbeiten, auch wenn sein Arbeitstag länger wird, der andere muß mit Schwung und »zackig« an die Arbeit gehen. Beide sind gleich tüchtig und leistungsfähig, aber wenn sie gezwungen sind, eine Arbeit gemeinsam zu verrichten, ermüden sie sich gegenseitig und gehen einander auf die Nerven. Das Tragische ist nun, daß wir fast alle in einem Tempo leben müssen, das unserem inneren Rhythmus nicht entspricht: Wir müssen zu einer bestimmten Stunde im Büro sein, wo unsere Sinne für die erwachende Natur besonders aufnahmefähig sind; eine wichtige Besprechung wurde bereits vor Wochen auf eine Zeit angesetzt, die uns heute gar nicht liegt; wir müssen auf die Minute den Zug erreichen, wo wir gerade einen schöpferischen Augenblick erleben. Wir haben wunderbare Maschinen, die uns körperliche und geistige Anstrengungen ersparen, aber sie beherrschen dauernd unseren persönlichen Rhythmus und wirken damit auf unsere innere Verfassung genau so wie der allzu gemächliche oder hastige Arbeitskollege. Es gibt also nicht nur eine allgemeine, quantitative Hetze und Zeitnot; sondern jedes Arbeitstempo, das unserem jeweiligen qualitativen Rhythmus nicht angepaßt ist, bewirkt eine größere Ermüdung und Strapazierung unseres vegetativen Systems.

Drücken wir das Gesagte noch einmal ganz praktisch aus: In meinem zehnstündigen Arbeitstag sollten folgende Aufgaben gelöst werden:

Konsultationen	6 Stunden	
2 Hausbesuche	1 Stunde	
10 Briefe schreiben	1 Stunde	40 Minuten
5 Telephongespräche		20 Minuten
Einen Aufsatz schreiben	2 Stunden	
Einen Vortrag vorbereiten	1 Stunde	
Fachliteratur lesen		40 Minuten
Buchhaltung nachführen		20 Minuten
	13 Stunden	

Wenn ich meine Zeit rein quantitativ auffasse, ist die Sache klar: Entweder muß ich die drei Stunden am Abend oder am frühen Morgen einholen, dann kommen die andern Anliegen zu kurz, namentlich meine Familie, die Freunde, künstlerische Interessen, Erholung usw.; oder ich muß einige Punkte aus meinem Programm streichen, wodurch der nächste Tag belastet oder meine Berufsarbeit einfach gekürzt wird. Wir alle stehen vor diesem Dilemma. Und weil wir doch nach Möglichkeit das eine tun und das andere nicht lassen möchten, die Patienten befriedigen und doch die Familie nicht vernachlässigen, so greifen wir nach dem Kompromiß der Hetze: Wir kürzen eine Konsultation etwas ab und lassen den nächsten Patienten warten, dann hat ein dritter dazwischen Platz; wir kommen zu spät zu Tisch und erledigen drei Telephongespräche, während die Familie noch ißt; der Vortrag wird, so gut es geht, im Wagen vorbereitet, wodurch wir mit knapper Not einem Unfall entgehen. Die Briefe werden ganz flüchtig und unpersönlich durch die Maschine gelassen.

Wie der unseriöse Kaufmann mit seinem Geld umgeht, so stehlen wir unsere Zeit da und dort zusammen, indem wir unser gesundes Lebenstempo opfern.

Natürlich sind das keine Lösungen... Aber – so reden wir uns ein – es gibt eben keine Lösung. Das Leben ist verkehrt eingerichtet. Eigentlich kann man nur während des Urlaubs richtig leben. Aber um sich einen Urlaub leisten zu können, muß man zusätzliche Arbeit leisten und eben noch mehr hetzen. Nur schade, daß unsere Familie das einfach nicht begreifen kann. Nun, das Leben hört auch einmal auf. Dann werden wir endlich Ruhe haben. – Welcher moderne Mann hat dieses Selbstgespräch noch nie geführt?

Wie sieht es aber aus, wenn unser ganzer Ansatz falsch, wenn die Zeit keine quantitative Größe ist, mit der man in dieser Weise rechnen kann?

Wenn wir fragen, wie lange es braucht, bis die Rüben wachsen, kann man darauf nicht allgemein antworten; denn es hängt davon ab, ob wir diese Frage im Frühling oder im Herbst stellen. In ganz ähnlicher Weise hängt die Dauer einer bestimmten Arbeit davon ab, zu welcher Tageszeit wir sie beginnen und in welcher Verfassung wir sie ausführen.

Wir wissen alle, daß gewisse Tätigkeiten, namentlich produktive Geistesarbeit, nach einem üppigen Mahl oder bei Müdigkeit viel schwerer und nur unbefriedigend gelingen, während sie in der Morgenfrische oder in andern besondern Zeiten spielend vor sich gehen. Dafür sind die geistig »dürren« Zeiten für mehr mechanische Arbeiten oder zum Basteln besonders geeignet.

Betrachte ich nun mein Arbeitsprogramm mit diesem qualitativen Zeitbegriff, dann werde ich die produktive Arbeit (Aufsatz schreiben und Vortrag vorbereiten) in der dazu günstigsten Zeit rascher und besser ausführen. Wenn ich meine Briefe sofort beantworte, spare ich mir das nochmalige Lesen des Briefes. Sind diese drei Arbeitsposten zur günstigen Zeit erledigt, dann bin ich nicht ermüdet oder abgespannt, sondern im Gegenteil in bester Verfassung, »im Schuß«, und dann kann ich auch meine Sprechstundenarbeit besser und in kürzerer Zeit ausführen. Auf diese Weise kann das unwahrscheinliche Kunststück tatsächlich gelingen, Arbeiten, die, »an sich« betrachtet, dreizehn Stunden beanspruchen würden, in zehn Stunden zu vollenden und dazu noch besser als vorausgesehen.

Wir ziehen daraus einen ersten wichtigen Schluß: Es gibt keine Arbeit »an sich« und keine Zeit »an sich«; sondern die Zeit bildet eine lebendige Melodie, und unsere Arbeit soll sich organisch darin einordnen. Wir können unsere Zeit deshalb nicht willkürlich einteilen; sie hat Höhen und Tiefen, Weiten und Dichten, besondere und wechselnde Färbungen, und unser Leben muß als ein harmonisches Ganzes erlebt werden.

Die Kunst besteht darin, diese Eigenstruktur der Zeit wahrzunehmen und den für eine gewisse Arbeit oder einen bestimmten Entschluß geeignetsten Augenblick zu ergreifen. Nun haben wohl die wenigsten die Möglichkeit, ihre Arbeit in dieser Weise einzuteilen; wenn man aber überhaupt an die qualitative Struktur unserer Zeit denkt, läßt sich im kleinen vieles gewinnen. Und wenn ein Betriebsleiter solche Überlegungen anstellt, wird es ihm durch kleine Umstellungen und individuelle Anpassungen oft gelingen, sowohl die absolute Leistung seines Betriebes oder seiner Abteilung zu erhöhen als auch die Stimmung und sogar die Gesundheit seiner Angestellten zu verbessern.

Man hat wohl Methoden ersonnen, um den Eigenrhythmus des Menschen rechnerisch zu erfassen, und wir denken dabei an die jahrtausendealte Astrologie oder die neuere Berechnung »biorhythmischer Kurven«. Ohne näher auf die Zuverlässigkeit und Berechtigung solcher Methoden einzugehen, ist ihnen ganz allgemein das Bedenken entgegenzuhalten, daß die qualitative Feinstruktur der Zeit jeder Erfassung durch Maß und Zahl widerstrebt und höchstens in ihrer gröberen Gliederung feste Umrisse zeigt.

Wir haben zu zeigen versucht, daß die von uns tatsächlich *erlebte Dauer* eine Folge ständig wechselnder qualitativer Zustände bildet, die sich von der stetigen, rein quantitativen, auf unseren Uhren *meßbaren Zeit* grundsätzlich unterscheidet. Es ist aber jetzt notwendig, diese subjektive und vorläufige Erfahrung in einen größeren Zusammenhang hineinzustellen, um ihre tiefere Bedeutung zu erkennen.

5. Zeit und Leben

Unsere landläufige Vorstellung von der Zeit ist etwa die eines stetigen Stromes, der durch unsere Raumwelt hindurchfließt und sie dabei verändert. Wir alle – Menschen, Tiere, Pflanzen und Mineralien - werden gleichermaßen von diesem Strom umspült und durchflossen, und unsere Entwicklung, unser Altern, ist an den von ihm bewegten Uhren abzulesen. Umgekehrt sind wir bestrebt, durch intensives Agieren zwischen zwei Uhrzeichen oder in die uns zur Verfügung stehende Zeit »möglichst viel hineinzupakken«. Etwas exakter ausgedrückt: Wir stellen uns vor, daß die Welt in einem dreidimensionalen euklidischen Raum »enthalten« ist, während sich der Strom der Zeit in der vierten Dimension darüber fortbewegt.

Diese landläufige Vorstellung wird von der modernen Wissenschaft mehr und mehr verlassen. Die heutige Physik läßt die klassischen Raum-Zeit-Vorstellungen nur für das Sonnensystem und relativ langsame Bewegungen als »genügende Annäherung« gelten; für den Weltraum dagegen sowie für Geschwindigkeiten, die sich der des Lichtes nähern, gelten der absolute euklidische Raum und die absolute stetige Zeit nicht mehr. Die gegenseitige Abhängigkeit von Zeit, Raum und Materie wird in allgemeingültigen, von der beschränkten menschlichen Vorstellungskraft unabhängigen, aber dafür unanschaulichen Funktionen ausgedrückt, mit denen nur der Mathematiker operieren kann.

Erst recht hat die Biologie die Vorstellung eines absoluten Raumes und einer absoluten Zeit fallengelassen. »Schon eine primitive Überlegung lehrt, und daraufhin angestellte Experimente beweisen es, daß der Raum der Wahrnehmung, d. h. der Tast- und Sehraum, durchaus nicht einfach als euklidischer angesprochen werden kann: im Anschauungsraum sind ja die Koordinaten keineswegs gleichwertig, sondern wir haben einen prinzipiellen Unterschied zwischen den Richtungen ›Oben-Unten‹, ›Rechts-Links‹, ›Vorn-Hinten‹. Schon durch die Tatsache der Organisation unseres Körpers und letzten Endes durch den Umstand, daß der Organismus der Schwerkraft unterworfen ist, ist die Ungleichwertigkeit der Horizontalen und Vertikalen in unserem Wahrnehmungsraum bedingt.« (L. v. Bertalanffy, Das Gefüge des Lebens, S. 155)

Eine ganz ähnliche Relativierung erfährt die Zeit. Jakob v. Uexküll hat den Begriff des »Moments« eingeführt, d. h. der kürzesten, eben noch wahrnehmbaren Zeiteinheit. Man weiß, daß dieser kürzeste Augenblick beim Menschen 1/18 Sekunden beträgt. Sobald mehr als 18 Luftschwingungen in der Sekunde unser Ohr treffen, empfinden wir sie nicht mehr getrennt, sondern als einen stetigen Ton; 16–18 Bilder in der Sekunde erwecken den Eindruck der fließenden Bewegung, worauf ja die Kinematographie beruht. Bei der Schnecke dagegen beträgt der kürzeste Augenblick 1/4 Sekunde, während er für den Kampffisch auf 1/30 Sekunde sinkt. Man könnte diesen als »Zeitlupentier«, die Schnecke aber als »Zeitraffer« bezeichnen. Ein anderer Biologe, Lecomte du Noüy, spricht geradezu von der »körnichten Zeit« (le temps granulaire), die ebenso wie das Licht und die Materie erst unserer statistischen Wahrnehmung als kontinuierlich, stetig, erscheint. Die »Zeitkörner« sind von einer Tierart zur andern verschieden und bedingen ein ganz verschiedenes Erleben.

An diese Erscheinungen schließt sich, wie L. v. Bertalanffy weiter ausführt, das sogenannte Zeitgedächtnis der Tiere an. Wenn z. B. Bienen lernen, sich zu einer bestimmten Stunde am Futterplatz einzufinden, beruht diese Fähigkeit nicht auf äußeren Periodizitäten, sondern sie scheint sich nach inneren Stoffwechselperiodizitäten zu richten. Wird dieser Stoffwechsel durch Chemikalien beschleunigt oder verzögert, dann geht die »physiologische Uhr« vor oder nach, und das Tier erscheint zu früh oder zu spät auf dem Futterplatz. Ähnliche Erscheinungen lassen sich wohl an vielen Tier- und auch Pflanzenarten beobachten. Die bekannte Tatsache, daß jungen Menschen, aber auch dem Traurigen, die Zeit langsam vergeht, dem alten, aber auch dem fröhlichen Menschen dagegen allzu rasch, gehört hierher.

Noch viel umfassender tritt die spezifische und individuelle Zeitstruktur des Organismus in Erscheinung, wenn wir an die Vererbungs- und Wachstumsvorgänge denken. Zwei identisch aussehende Zellen – denken wir etwa an ein Hühner- und ein Entenei –, die auch mit den üblichen chemischen Analysen nicht voneinander zu unterscheiden sind, entwickeln sich mit der Zeit zu Vertretern von zwei verschiedenen Tierarten, dem Entchen wachsen bald Schwimmhäute, dem Hähnchen dagegen wachsen mit der Geschlechtsreife ein Kamm und farbige Schwanzfedern. Die ganze »Zeitgestalt« des künftigen Organismus ist in den Chromosomen der Keimzelle enthalten; das Kennzeichen des Eies ist seine Bezogenheit auf eine ganz bestimmte Zukunft. So kann Plessner sagen: »Antizipation ist der Modus lebendigen Seins ... Vorwegnahme seiner selbst als eines Bestimmten.« Ja auch die Verschiedenheit der Gestalt unter verwandten Arten läßt sich durch ein zentral reguliertes rascheres Wachstum bestimmter Teile erklären. Die dadurch entstehenden Proportionsänderungen bilden ein wichtiges Element stammesgeschichtlicher Entwicklungen. (Koordinatentransformation von d'Arcy Thompson, nach L. v. Bertalanffy, Theoretische Biologie, II/292)

Versuchen wir, die angeführten Erscheinungen zu deuten, könnte man vielleicht folgende Formulierungen wagen:

Allen Lebewesen gemeinsam ist, daß sie in einem bestimmten Augenblick als Organismen zu leben anfangen, dann sich nach einem strengen Plan entwickeln und in ihrer Umwelt bewegen, und daß sie zuletzt als Organismen wieder verschwinden. Das Beharrende darin, das, was die »Person« eigentlich ausmacht, ist nicht etwa der Stoff, der den Organismus aufbaut; denn dieser wechselt ja ständig während des Lebens. Es ist auch nicht die sichtbare Gestalt; denn diese kann sich völlig verwandeln, wenn wir an die Entwicklung der Insekten, der Lurche oder auch der Moose und Farne denken. Das für einen bestimmten Organismus Kennzeichnende und in seinem Leben Konstante ist vielmehr der Plan, nach dem er sich aufbaut und entwickelt, eben seine Zeitgestalt.

Die Zeit ist kein von uns unabhängiger Hohlraum, in den wir unser Wirken möglichst zweckmäßig einräumen sollen; sondern sie ist die ureigenste Form unseres Lebens. Wir können über die Zeit nicht willkürlich verfügen wie über eine Summe Geld oder eine Ware; sondern wir müssen ihre besondere Struktur für uns entdecken und uns so darnach richten, wie wir uns nach unsern persönlichen Gaben und Schwächen richten müssen.

Die Zeit ist aber auch nicht der unerbittliche, vom Pendelschlag der Uhr skandierte Schrittmacher, der uns durch das Leben hetzt, dann unsere Werke wieder zerstört und uns zuletzt zum Tode führt; sondern sie gehört zu unserer persönlichen Gestalt, bestimmt deren Entfaltung und Erfüllung und führt uns zuletzt in neuer Gestalt in eine neue Zeit hinüber.

Die Zeitgestalt jedes Organismus ist für ihn mindestens so wesentlich wie seine Raumgestalt, denn in ihr keimt und entfaltet sich unaufhörlich das Leben. In seiner eigenwilligen Sprache sagt Heidegger: »Die Welt zeitigt sich in der Zeitlichkeit.« Deshalb nannte Henri Bergson die gelebte, organismische Zeit im Gegensatz zur abstrakten, stetigen Zeit, die unsere Uhren messen, die »wirkliche Dauer« oder die »schöpferische Dauer« (durée réelle, durée créatrice).

Weil nun diese Dauer so wesentlich zu unserem Leben gehört, sollen wir sie nicht wegzaubern wollen, indem wir uns durch irgendwelche Schwarzkunst die Zukunft voraussagen lassen. Unser Leben verliert dadurch seine Zeitgestalt, und alles wird falsch.

Während unsere Kultur einer immer größeren Rationalisierung und Entpersönlichung entgegenzueilen schien, hat gerade die modernste Wissenschaft die urpersönliche Bedeutung der Zeit entdeckt und damit den Begriff der Person wesentlich bereichert und vertieft. Es gibt keine allgemeine, automatische Zeit; sondern jeder Organismus hat seine eigene Zeit, wir haben alle je unsere Zeit.

6. Vergangenheit – Gegenwart – Zukunft

Die Zeit ist nicht umkehrbar. Es ist nicht möglich, sie wie einen Film in umgekehrter Richtung ablaufen zu lassen. An diesem Tatbestand zweifelt niemand. Um so merkwürdiger ist es, daß die Physik diese einsinnige Gerichtetheit der Zeit in keinem Gesetz begründet, weder in der Mechanik noch in der Lehre des elektromagnetischen Feldes noch in der Atomphysik. »Diese Eigenschaft der wirklichen, geschichtlichen Zeit ist in der heutigen Physik nur an einer einzigen Stelle ausgedrückt, im zweiten Hauptsatz der Wärmelehre.« (C. F. v. Weizsäcker, Physik der Gegenwart, S. 37) Dieser sogenannte Entropiesatz sagt aus, daß sich Temperaturunterschiede zwar ausgleichen, aber niemals ohne Energiezufuhr von außen neu entstehen: Gießt man kaltes und heißes Wasser zusammen, entsteht laues Wasser; man kann aber nicht aus lauem Wasser wieder heißes und kaltes gewinnen, ohne dazu Energie zu verbrauchen (z. B. in einer Kältemaschine). Anders ausgedrückt: Arbeit kann zwar vollständig in Wärme umgewandelt werden, z. B. durch Reibung, aber Wärme nicht vollständig in Arbeit. Das hat zur düsteren Perspektive des allgemeinen »Kältetodes« geführt, der eintreten müßte, wenn alle kinetische Energie der Welt in Wärme umgewandelt und alle Temperaturunterschiede in einer mittleren Lauheit ausgeglichen wären.

Die Lehre von der Entropie ist eigentlich nur ein Spezialfall der heute in der Physik allgemein geltenden »statistischen Naturbetrachtung«, die uns das Wesen der Zeit noch weiter veranschaulichen soll. So ausgedrückt, besagt der Entropiesatz: Eine ungeordnete, nach allen Richtungen verlaufende Bewegung der Atome in einem Körper – darin besteht das Phänomen Wärme – ist statistisch wahrscheinlicher als ihre parallel geordnete Bewegung, die eben kinetische Energie darstellen würde. Und da es sich bei den Atomen um unvorstellbar große Zahlen handelt, bedeutet diese Wahrscheinlichkeit praktisch eine Sicherheit.

Glaubte man früher an eine allgemeinverbindliche strenge Naturkausalität, bei der gegebene Ursachen mit mathematischer Sicherheit gewisse Wirkungen zeitigen mußten – etwa wie der Schlag auf die Glocke einen Ton erzeugt –, so spricht man heute im Bereich der kleinsten Dimensionen nur von statistischer Wahrscheinlichkeit, wie wir soeben am Beispiel der Entropie sahen. Wo es sich aber um Bewegungen von nur wenigen Atomen oder Molekülen handelt, ist die Wahrscheinlichkeit, daß der berechnete Zustand eintritt, kleiner, und das Endergebnis erscheint »zufällig«, d. h. einmal so, einmal anders. Anschaulich dargestellt: Wenn ich einen Spielwürfel 6 mal werfe, ist die Wahrscheinlichkeit, eine 3 zu würfeln wohl 6 mal $^1/_6$, aber in Wirklichkeit kann die 3 in diesen 6 Würfen mehrmals erscheinen, wie sie auch unter 18 Würfen keinmal herauskommen kann. Wir sprechen dann vom guten oder bösen Zufall. Je größer die Zahl der Würfe aber ist, desto mehr nähert sich die Zahl der wirklich geworfenen 3 der errechneten Wahrscheinlichkeit; und daß auf 60 000 Würfen die 3 nur 10 mal oder aber 40 000 mal herauskommt, ist so unwahrscheinlich, daß wir es praktisch als »unmöglich« bezeichnen.

Von diesen recht theoretisch anmutenden Betrachtungen aus fällt ein unerwartetes Schlaglicht auf unser Zeitproblem: Solange wir uns die Kette von Ursache und Wirkung als mathematisch notwendig vorstellen, gleicht die Natur einem gewaltigen Automaten, und die Zeit ist dabei nur ein Zeiger, der angibt, wie weit der Automat bereits abgelaufen ist. Spiele ich ein Konzert auf dem Grammophon, dann ist jeder Ton schon im voraus auf der Platte bestimmt, und die Nadel des Pickup zeigt lediglich an, an welcher Stelle wir uns gegenwärtig befinden. Bei geeigneter Apparatur könnte man die Platte auch rückwärts ablaufen lassen. Wird das Konzert dagegen in Wirklichkeit gespielt, dann besteht ein wesentlicher Unterschied zwischen dem bereits Gespielten – das vielleicht auf Tonband aufgenommen wurde –, dem *noch nicht* Gespielten – das möglicherweise falsch oder gar nicht gespielt wird, wenn einer der Ausführenden plötzlich erkranken sollte – und dem im *gegenwärtigen Augenblick* Gespielten, auf den die Ausführenden gerade ihre ganze Aufmerksamkeit richten. – So ist auch die moderne Naturbetrachtung: Die Vergangenheit ist in einer bestimmten Form vergangen, sie ist ein für allemal fixiert, und es ist an ihr nichts mehr zu ändern. Die Zukunft bietet unendliche Möglichkeiten, darunter sind einige wahrscheinlich, bei sehr großen Zahlen praktisch sicher, aber immerhin noch nicht »wirklich« da. Die Gegenwart wäre dann nach Reichenbach »derjenige Weltquerschnitt, an dem die kausale Bestimmtheit in die bloße Wahrscheinlichkeit übergeht«. (zit. n. Bavink, Ergebnisse und Probleme, S. 135) Man kann auch sagen: Der Augenblick, wo die Möglichkeit zur Wirklichkeit wird. Spielte die Zeit beim streng kausalen automatischen Weltablauf nur die Rolle eines Zeigers, wobei zwischen Vergangenheit, Zukunft und Gegenwart kein grundsätzlicher Unterschied bestand, so ist sie jetzt die tragende Struktur des ganzen Geschehens, die »wirkliche Dauer« Bergsons.

Damit ist nicht gesagt, daß das Kausalgesetz überhaupt nicht mehr gelte, aber es bildet nicht mehr eine a priori notwendige Denkform nach Art der Mathematik; sondern es ergibt sich a posteriori aus der Naturbetrachtung, und damit bekommt es eine andere Form, je nachdem, ob es sich um Ereignisse in unserem alltäglichen Lebensraum handelt – dem Gebiet der »klassischen Physik« – oder um Ereignisse in der Größenordnung der Atome oder in derjenigen der Milchstraßen. Auf jene Gebiete sind die Vorstellungen der »klassischen Physik« nicht ohne weiteres übertragbar. Das gilt insbesondere für ihren Begriff der Zeit.

Was ergibt sich daraus praktisch für uns? Sehr viel.

Die Zukunft ist nicht mehr streng determiniert, ebenso

unbeeinflußbar wie die Vergangenheit; sondern sie verwirklicht sich unter unseren Augen, mit unserer aktiven Beteiligung. Der Determinismus, den Laplace verkündete und den man nach ihm ein ganzes Jahrhundert lang als allein wissenschaftliche Auffassung vertrat, ist von der heutigen Physik wohl endgültig überwunden.

Dadurch bekommt die Gegenwart eine ausgezeichnete Bedeutung: Sie ist der Augenblick, wo die Wirklichkeit wird und wo wir selbst immer wieder neu werden. Anders ausgedrückt: In der Gegenwart erleben wir unmittelbar die »wirkliche Dauer«. Was das genau bedeutet, soll in den beiden nächsten Abschnitten näher ausgeführt werden.

Etwas davon ist ausgedrückt in Matthias Claudius' Gedicht »Täglich zu singen«, das mit der Strophe beginnt:

> Ich danke Gott und freue mich
> Wie's Kind zur Weihnachtsgabe,
> Daß ich bin, bin! und daß ich dich,
> Schön menschlich Antlitz! habe.

7. Zeit und Freiheit

Die »klassische Physik«, so wurde eben ausgeführt, faßte das ganze Naturgeschehen auf als eine streng determinierte Kette von Ursachen und Wirkungen. Das Ganze war also vorausbestimmt wie das Konzert auf den Rillen der Grammophonplatte, und nach Laplace hätte ein übermenschlicher Geist auf Grund einer vollkommenen Kenntnis des Anfangszustandes jeden Moment der Entwicklung bis zum Endzustand vorausberechnen können. Er hätte gewissermaßen den Überblick über die ganze Platte gehabt.

Demgegenüber erklärt die moderne Physik zweierlei:

1. Auch einem übermenschlichen Geist wäre es unmöglich, eine »vollkommene Kenntnis des Anfangszustandes«

zu erhalten; denn es ist nicht nur unmöglich, sondern im Bereich kleinster Elemente, wie der Planckschen Energiequanten, geradezu sinnlos, gleichzeitig die Lage und die Impulse der kleinsten Weltelemente zu bestimmen. Das ist der Inhalt der Heisenbergschen »Unbestimmtheitsrelation« von 1929. Nicht der Schluß von Laplace ist falsch, sondern den vorausgesetzten »Anfangszustand« gibt es überhaupt nicht.

2. Die Veränderungen der Natur, die auf die Bewegung jener kleinsten Weltelemente zurückzuführen sind, erfolgen nicht auf Grund einer absoluten Notwendigkeit (Kausalität), sondern ergeben sich aus der statistischen Wahrscheinlichkeit jener Bewegungen.

Hier setzt aber eine entscheidende Überlegung ein:

Dort, wo es sich, wie z. B. bei den Gasgesetzen, um sehr große Zahlen von Elementen handelt, grenzt die statistische Wahrscheinlichkeit an die mathematische Sicherheit. Da hingegen, wo es sich nur um wenige Elemente handelt, bedeutet die Wahrscheinlichkeit noch lange keine Sicherheit, sowenig ich sicher sein kann, einmal eine drei zu werfen, wenn ich den Würfel sechsmal werfe. Nun ist das Geschehen innerhalb eines Organismus weitgehend von der Bewegung relativ weniger kleinster Elemente abhängig. Es sind wahrscheinlich außerordentlich kleine Energiemengen, die den Impuls einer Nervenzelle auslösen, und es genügt, daß ein Chromosom von einem einzigen Quant Röntgenlicht getroffen werde, um unter Umständen eine dauernde im Phänotyp weithin sichtbare Genmutation hervorzurufen. Darauf beruhen ja die Erbschädigungen durch Kernexplosionen. In der Größenordnung der kleinsten biologischen Elemente können also die »undeterminierten« Bewegungen kleinster phsyikalischer Elemente sehr große Wirkungen für den Gesamtorganismus auslösen. Pascual Jordan vertritt seit 1937 die »Verstärkertheorie«, die die

Steuereinrichtungen des Organismus mit einem Radiogerät vergleicht, in dem die großen dem Lichtstrom entnommenen Energien von winzig kleinen Energien gesteuert werden, die die Antenne aus den ankommenden elektrischen Wellen entnimmt. (Darüber Bavink, S. 460 ff.)

Nun ist freilich »Undeterminiertheit« noch nicht gleichbedeutend mit »Freiheit«. Wollte man aber sagen, die Steuerungseinrichtungen der Organismen seien wohl nicht kausal determiniert, sondern sie seien wegen der undeterminierten Bewegungen der kleinsten Teile eben »dem Zufall überlassen«, dann bliebe die außerordentliche Planmäßigkeit des Organismus und die Zweckmäßigkeit seiner Organe und Reaktionen völlig unerklärlich. Vielmehr drängt sich hier der Gedanke auf, der Organismus selber müsse auf irgendeine Weise diese »indeterminierten Bewegungen« mit beeinflussen, so daß die Steuerung auch Ausdruck der organismischen Ganzheit ist – was absichtlich mit sehr allgemeinen Begriffen gesagt sei.

Diese Gedanken faßt Bavink in folgender Weise zusammen, nachdem er nochmals feststellt, »daß zum wenigsten der physikalische Ablauf einer statistischen Regelmäßigkeit unterliegt, die, praktisch genommen, einer absoluten Berechenbarkeit gleichkommt: Vielleicht läßt sich weiter die Hypothese wagen, daß die Strenge dieser Regelmäßigkeit in der Stufenleiter der einander übergeordneten Willenshandlungen progressiv abnimmt derart, daß z. B. menschliche Handlungen dann nur noch mit einem erheblich geringeren Grade von Wahrscheinlichkeit berechenbar wären als tierische, und diese wiederum mit einem geringeren als etwa die der Einzeller usw. Wir würden auf diese Weise eine Stufenleiter der ›Freiheit‹ erhalten, an deren Spitze das Weltwesen selbst mit vollkommener Freiheit stände, weil seine ›Handlung‹, nämlich eben die Welt, nur einmalig ist, wobei dann von ›Statistik‹, also

Regel, natürlich überhaupt keine Rede mehr sein kann.« (Ergebnisse und Probleme, S. 615)

Nun liegt es weitgehend an uns, wieweit wir von dieser Indeterminiertheit, die uns die Physik einräumt, aktiven Gebrauch machen und sie so zur »Freiheit« gestalten. Wenn ein Angestellter einen »freien Tag« bekommt, bedeutet das zunächst, daß er an diesem Tag von seinem Arbeitgeber nicht determiniert wird. Er kann sich aber in dieser Zeit von anderen äußeren Mächten determinieren lassen: Der Überredung von Kollegen, diesen Tag in einem Spielautomatensalon zu verbringen, der Reklame, einen bestimmten Film zu besuchen, oder der Verlockung, durch Überstunden an einem anderen Arbeitsplatz viel Geld zu verdienen. Er ist nirgends unter Zwang gestanden, aber er ist doch nicht seinen tieferen persönlichen Neigungen gefolgt, er hat nicht »sein eigenes Leben gelebt«, hat also auch nicht im eigentlichen Sinne frei gehandelt. So können auch wir unsere physikalische Indeterminiertheit dazu gebrauchen – oder mißbrauchen –, uns von unpersönlichen Mächten determinieren zu lassen. Wir leben dann nicht unser persönliches Leben, sondern wir agieren in der unpersönlichen Sphäre des »man«, der Konvention oder des geringsten Widerstandes.

Wir lesen die Zeitung, die Illustrierte und vielleicht auch die Bücher, die »man« um uns herum liest; wir besuchen die Filme, die das Kino auf dem nächsten Platz eben bringt; wir hören die Musik, die Vorträge und die Nachrichten, die unser Sender regelmäßig ausstrahlt; unsere Wohnung ist so eingerichtet, wie es das bekannteste Möbelgeschäft für unsern Stand anbietet; wir heiraten das Mädchen, das unserer – genauer gesagt: unserer Kollegen – Vorstellung der idealen Ehefrau am ehesten entspricht; und zuletzt werden wir in der allgemein üblichen Form, mit einem der »gängigen« Sprüche versehen, in die Erde gelegt. Ein solches Leben kann korrekt, geruhsam und vergnügt sein, aber »frei« ist es nicht zu nennen.

Wenn wir versuchen, diese unpersönliche Lebensart als Funktion der Zeit auszudrücken, dann kommen wir etwa zu folgender Formulierung: Wir neigen dazu, die ganze Zeit in der Tönung der Vergangenheit zu betrachten, nämlich als eine Reihe von Ereignissen, die logisch auseinander herauswachsen und deren Ablauf daher fest geregelt ist. Somit projizieren wir diese Tönung oder Struktur der Vergangenheit ebenfalls auf die Zukunft, und wir stellen uns auch diese vor als eine logische Folge von Ereignissen auf einer geraden Linie. Manchmal gabelt sich der Weg, und wir haben das Gefühl, wie Herakles am Scheideweg zu stehen und uns für den linken oder den rechten Weg entscheiden zu können. Weil wir im Bann der Vergangenheit stehen, ist unsere Phantasie für die Zukunft nicht schöpferisch; sondern wir wiederholen oder setzen fort, was die Vergangenheit schon war. Ja, auch wenn wir bewußt Zukunftspläne machen, füllen wir diese Zukunft mit Vorstellungen und Begriffen aus der Vergangenheit an; wir können uns nichts radikal Neues vorstellen, und dadurch setzen wir immer wieder falsche Alternativen.

Wir erklären uns für »unfähig, ein solches Leben im Betrieb noch zehn Jahre auszuhalten«, und sehen nicht, daß eine kleine innere Umstellung die ganze Atmosphäre ändern würde. Wir sehen nur zwei Möglichkeiten: »Scheiden oder die große Liebe unseres Lebens aus dem Herzen zu reißen«, und wir ahnen nicht, daß eine noch tiefere Liebe die ganze Situation neu gestaltet. Marx sah für die Zukunft nur die zunehmende Konzentration des Kapitals auf wenige Menschen und die fortschreitende Verarmung der Massen, was in dieser Form nicht eintrat. Die Inquisitoren waren ehrlich überzeugt, der christliche Glaube werde untergehen, wenn man nicht sämtliche Ketzer bekehre oder töte. Noch zu Beginn unseres Jahrhunderts rechnete keine Zukunftsvision mit Radio, Kernspaltung und Automation, weil diese Begriffe überhaupt noch nicht bestanden. Heute bestimmen sie maßgebend unser Weltbild, aber wir ahnen noch gar nicht, welche neuen Möglichkeiten das Jahr 2000 bringen wird. So wollen wir immer wieder die Zukunft aus Bruchstücken der Vergangenheit aufbauen.

Henri Bergson, dessen erstes Werk den bezeichnenden deutschen Titel trägt »Zeit und Freiheit« (Essai sur les données immédiates de la conscience, Paris 1888) wird nicht müde darzustellen, wie wir für gewöhnlich – und auch in der klassischen Physik – mit einer statischen, quantitativen und räumlichen Zeitvorstellung rechnen. Dementsprechend erfassen wir unsere eigene wie die Entwicklung in der Natur »in kinematographischer Form«, nämlich durch eine Folge statischer, unbewegter Bilder. (L'évolution créatrice, S. 330 ff.) In Wirklichkeit ist aber die Dynamik, die stete Bewegung, primär gegeben, während die ruhende Form gewissermaßen eine Abstraktion aus dieser Bewegung darstellt. »Die Form ist nur eine Momentaufnahme aus Übergang.« (l. c. S. 327)

In dem Maße nun, wie wir uns diesen statischen Zeitvorstellungen hingeben, leben wir eigentlich aus der Vergangenheit, aus dem bereits Erstarrten und Unabänderlichen, wir unterliegen dem Kausalgesetz, dem diese Dinge unterliegen, und wir sind unfrei. In dem Maße aber, wie wir in der Tiefe unseres Wesens die »schöpferische Dauer« wahrnehmen, wie wir versuchen, unsere persönlichen Möglichkeiten zu verwirklichen und der zu werden, zu dem wir eigentlich bestimmt sind, in dem Maße erleben wir die Freiheit. »Die Zeit ist schöpferische Erfindung, oder sie ist überhaupt nichts.« (l. c. S. 369)

Es ist sicher zweckmäßig, wenn ein Teil unserer alltäglichen Verrichtungen, wie Ankleiden, Zähneputzen, Reaktionen am Steuer usw., ohne bewußte Überlegung, d.h. automatisch verlaufen; ihr Vollzug in verantwortlicher Freiheit würde sie ganz ungebührlich belasten und unsicher machen. Dagegen ist es von höchster Wichtigkeit, daß wir die großen und kleinen Entscheidungen, zu denen wir persönlich aufgerufen werden, nicht wie Automaten, nicht aus Konvention oder blindem Gehorsam, nicht routinemäßig oder aus Bequemlichkeit fällen, sondern in Übereinstimmung mit dem, was wir als unseren persönlichen Kompaß empfinden und das jedenfalls mit dem Begriff des Gewissens nahe verwandt ist.

Es liegt also weitgehend an uns, frei oder unfrei zu sein, als Personen oder als Automaten zu leben, die Zeit als endlose Abfolge alter Bilder zu erfahren oder als unaufhörliche Neuschöpfung, an der wir aktiv beteiligt sind. Gewiß ist die psychologische Betrachtung des Zeiterlebnisses und die darauf begründete Kritik des Zeitbegriffs als solchen nur ein Aspekt des sehr komplexen Freiheitsproblems, aber sie beleuchtet dieses Problem von einer weniger bekannten Seite her und regt uns damit an, unser Freisein an einem neuen Maßstab zu messen. Werde ich hilflos fortgerissen vom »Strom der Zeit«, oder erlebe ich gegenwärtig die »schöpferische Dauer«?

8. Zeit und Gemeinschaft

> Zeit soll man sparen wie Gold
> und hergeben wie nichts.
>
> *Adolf Maurer*

Der Ort, wo wir recht eigentlich Person werden und den schöpferischen Augenblick erleben, ist die Begegnung mit dem Du. Ein absolut einsamer, beziehungsloser Mensch wäre, wenn es ihn gäbe, keine Person, sondern ein Zustand. Martin Buber sagt: »Das Grundwort Ich-Du kann nur mit dem ganzen Wesen gesprochen werden. Die Einsammlung und Verschmelzung zum ganzen Wesen kann nie durch mich, kann nie ohne mich geschehen. Ich werde am Du; Ich werdend, spreche ich Du. Alles wirkliche Leben ist Begegnung.« (Ich und Du, S. 15) An einer andern Stelle zitiert er Ludwig Feuerbach: »Der einzelne Mensch für sich hat das Wesen des Menschen nicht in sich, weder in sich als moralischem, noch in sich als denkendem Wesen. Das Wesen des Menschen ist nur in der Gemeinschaft, in der Einheit des Menschen mit dem Menschen enthalten – eine Einheit, die sich aber nur auf der Realität des Unterschieds von Ich und Du stützt.« (Grundsätze der Philosophie der Zukunft, Zürich 1843) Diesen Satz hat Karl Heim einmal »die kopernikanische Tat« des modernen Denkens genannt.

Der ausgezeichnete Moment dieser Begegnung ist allein die Gegenwart. Für die Ich-Es-Beziehung, die Beziehung zu Dingen, ist jede Zeit gleich gut. Der Stein, den ich heute in der Hand halte, ist derselbe wie gestern, und er wird auch morgen der gleiche sein. Vielleicht ist meine Stimmung heute etwas anders, aber ich kann die gestrige wiederfinden und sie auch morgen reproduzieren. Die Ich-Du-Beziehung dagegen, die Begegnung mit einem Menschen, ist jedesmal wieder ein neues, unwiederholbares Ereignis. Die Erinnerung an unsere gestrige Begegnung ist nicht gleich der heutigen, und die morgige – wenn sie überhaupt stattfindet – wird sicher nicht der Vorstellung entsprechen, die ich heute von ihr habe.

Dieser Gegenwartscharakter der persönlichen Begegnung äußert sich noch in anderer Weise: Wenn ich mich mit einem Ding, einem »Es« abgebe, brauche ich nicht ganz konzentriert, eben »gegenwärtig« zu sein; sondern dieses

Ding kann mich zu einer Meditation oder einer Träumerei oder sogar einem Kunstwerk anregen, und dadurch wird die Ich-Es-Beziehung um so wertvoller. Wenn ich dagegen einem Du begegne, verlangt es meine volle Aufmerksamkeit und Gegenwart. Wenn wir merken, daß unser Gesprächspartner an anderes denkt, nicht richtig gegenwärtig ist, sind wir enttäuscht, traurig oder beleidigt. Man braucht durchaus nicht immer miteinander zu reden, man kann auch gemeinsam schweigen, aber man darf nicht von etwas anderem in Beschlag genommen, d. h. eben abwesend sein. Selbst kleine Kinder merken sehr wohl, ob die Mutter schweigt, aber auf sie hört, oder ob sie in Gedanken abwesend ist.

Hier tritt auch deutlich die Qualität der Zeit in Erscheinung. Ein Chef, ein Seelsorger oder ein Arzt kann sich für einen Menschen »viel« Zeit, eine halbe oder eine ganze Stunde, freistellen und ihm geduldig zuhören. Der andere merkt aber, daß er nicht richtig auf ihn persönlich eingeht, sondern daß er bereits ein fertiges Bild von ihm hat, auf Grund der Akten, eines Berichtes oder eines Laborbefundes. Alles, was der Betreffende sagt, wird in Gedanken mit diesem Bild konfrontiert und den Akten eingefügt. Ein anderer Chef, Seelsorger oder Arzt hat vielleicht nur wenige Minuten zur Verfügung, aber er ist in dieser »kurzen« Zeit ganz gegenwärtig, er hört aufmerksam zu und geht auf das Gesagte ein. Man merkt, daß er in diesem Augenblick keinen andern Gedanken hat, als sein Gegenüber richtig zu verstehen und ihm gerecht zu werden. Diese Form der Begegnung ist die echte, in der beide etwas von ihrer Person einsetzen und zu einem gemeinsamen Entschluß gelangen, während in der ersten nicht der gegenwärtige Mensch *an*gesprochen, sondern vielmehr sein Bild – also ein bereits erstarrtes Stück Vergangenheit – *be*sprochen wurde.

Viele unter uns bekunden ein großes Interesse für Menschen – in der Vergangenheit, im Perfekt. Es kann sich um historische oder literarische Gestalten handeln, es können auch Berichte über Menschen in fernen Ländern sein, oder es geht schließlich um die berühmten »Akten«, die man studiert, bevor man den wirklichen Menschen zu Gesicht bekommt. Immer stehen abgeschlossene, klar umrissene Bilder vor uns, und unser Scharfsinn konstruiert daraus die Zusammenhänge. Oder wir geben uns mit den Menschen in der Zukunft ab. Wir planen einen Kurs oder die Organisation unseres Betriebes, wir malen uns aus, wie wir diese Menschen ansprechen und jene zurechtweisen werden, wir glauben schon im voraus die psychologischen Probleme zu erahnen, die sich ergeben werden, und wir bereiten uns auf ihre Überwindung vor – und dann kommt alles ganz anders, und wir beklagen uns über diese unverständigen Menschen.

Die wirkliche Begegnung erfolgt immer in der Gegenwart, sie ist immer überraschend, anders als in unserer Vorstellung. Wenn »alles genau so herauskommt, wie wir es vorausgesagt hatten«, dann müssen wir selbstkritisch sein; vielleicht haben wir ganz unbewußt gerade die Wendung herbeigeführt, auf die wir uns auf Grund unseres vorgefaßten Bildes vorbereitet hatten. Deshalb ist die unmittelbare Begegnung von Mensch zu Mensch sehr viel anstrengender, aber auch ungleich fruchtbarer als die Behandlung der Vergangenheit oder der Zukunft. Es gilt auch im Hinblick auf die Zeit, daß es viel leichter ist, den Übernächsten zu lieben als den Nächsten. Aber gerade auf diesen Nächsten kommt es an; nur mit ihm zusammen erleben wir Gemeinschaft, nur mit ihm zusammen sind wir wirkliche Menschen.

Ganz einfach ausgedrückt: Das wesentliche Erlebnis der Gegenwart, des schöpferischen Augenblicks, ist die Liebe.

Sowohl die Liebe, die ich empfange, als die Liebe, die ich schenke. Denn die Liebe ist die »persönlichste« Äußerung der Person, und umgekehrt wird die Person durch das Liebeserlebnis erst richtig konstituiert. Man liebt aber nicht in der Vergangenheit – das ist Heimweh – und auch nicht in der Zukunft – das ist Sehnsucht –, sondern man liebt in der Gegenwart.

Bei der großen Liebe, namentlich in ihrer erotischen Form, tritt allerdings etwas höchst Merkwürdiges ein: Der Augenblick innigster Liebe verliert seinen Zeitcharakter und wird als »zeitlos« oder als »Ewigkeit« erlebt. Schon 1300 Jahre vor Christi Geburt sprach der König Echnaton von der »Minute der Ewigkeit«, und unser Zeitgenosse Jacques Prévert lobt »die kleine Sekunde Ewigkeit, wo du mich küßtest, wo ich dich küßte« (la petite seconde d'éternité où tu m'as embrassé, où je t'ai embrassée, un matin dans la lumière de l'hiver).

Das ist ein kleiner Hinweis darauf, daß Zeit und Ewigkeit keine sich ausschließende Gegensätze sind, sondern einander vielmehr gegenseitig durchdringen. Wir werden später darauf zurückkommen; hier sei es nur kurz angemerkt und besonders darauf hingewiesen, daß dieses Ewigkeitserlebnis nicht auf Vergangenheit und Zukunft ausgeweitet wird, sondern von der Gegenwart ausgeht und gewissermaßen senkrecht zur Zeitrichtung ausstrahlt.

9. Von der Transzendenz der Dauer

In den letzten Kapiteln bezeichneten wir das Erlebnis der wirklichen Dauer als *qualitativ*, im Gegensatz zur quantitativ gemessenen »Uhrenzeit«. Es ist das Erlebnis einer fortlaufenden *Wandlung*, so daß man von schöpferischer Dauer reden kann. Dadurch unterscheidet sich die *Gegen-*

wart radikal von Zukunft und Vergangenheit: sie ist der Augenblick, wo die Möglichkeit zur *lebendigen Wirklichkeit* wird, und diese wiederum in das Reich des mathematisch Bestimmten, kausal Erklärten übergeht. Die Unbestimmtheit der Bewegung einzelner kleinster Weltelemente schafft im Organismus die Möglichkeit einer relativen *Freiheit.* Als Subjekt dieser Freiheit bezeichneten wir die *Person,* die durch die Begegnung von Ich und Du konstituiert wird und sich in der *liebenden Beziehung* ausdrückt.

Manche werden denken, wir hätten damit den Begriff der Dauer allzu stark belastet und aus ihm beinahe eine mythische Größe gemacht. Es muß deshalb jetzt klar gesagt sein, daß wir nie daran dachten, eine solche Anthropologie *aus* dem Begriff der Dauer abzuleiten und damit tatsächlich so etwas wie eine »Mythologie der Zeit« zu treiben; vielmehr versuchten wir, einige Grundaspekte der Anthropologie *am* Erlebnis der Zeit darzustellen, zu veranschaulichen. Diese Betrachtungsweise verschafft uns deshalb neue Perspektiven, weil das qualitative und persönliche Erlebnis der Dauer von den Naturwissenschaften und der Philosophie so lange vernachlässigt und mit der gemessenen Zeit unserer Uhren verwechselt wurde. Bergson war wohl der erste, der dieses Mißverständnis durch seine minutiösen Analysen aufdeckte. Später hat er diese neue Unterscheidung auf die Methode der Erkenntnis einiger Sondergebiete angewandt: Biologie (»L'évolution créatrice«), Relativitätstheorie (»Durée et simultanéité«), Ethik und Religion (»Les deux sources de la morale et de la religion«). Das darf man über der Existenzphilosophie Heideggers immerhin nicht vergessen.

Betrachten wir das Erlebnis der Dauer weiter, dann stoßen wir noch auf einen sehr wesentlichen Aspekt. Im Raume können wir uns relativ frei bewegen. Wir können uns irgendwohin begeben und wieder zum Ausgangspunkt zurückkehren – sogar vom Mond –, und wir können einen bestimmten Raum nach allen Richtungen beliebig oft abschreiten. Darauf beruht ja die Möglichkeit der Messung. Und wo wir nicht selber hinfahren können, senden wir unsere Blicke hin, so daß wir aus den entferntesten kosmischen Nebeln Licht analysieren und dort Distanzen messen können. Infolge dieser beliebigen Wiederholbarkeit ist das Raumerlebnis unpersönlich: Ob ich eine bestimmte Strecke selber messe oder ein anderer, das Ergebnis wird dasselbe sein; ob eine amerikanische oder eine russische Equipe auf dem Mond landet, sie werden genau die gleichen Meßergebnisse, Bilder und Bodenproben heimbringen.

Im Gegensatz dazu ist uns die Dauer nur einmal gegeben. Wir können um keine Sekunde »zurückleben«, und wir können keine Sekunde in die Zukunft überspringen. Deshalb ist die erlebte Dauer nicht meßbar. Deshalb ist sie aber auch nicht austauschbar. Ich kann mich nicht »in die Dauer« auch meines nächsten Freundes hineinversetzen; und wie er seine Dauer wirklich erlebt, kann er mir wohl schildern, aber ich kann es nicht nacherleben. Diese »Je-meinigkeit« der Zeit, wie sie Heidegger nennt, macht ihre Einzigartigkeit aus.

Damit hängt auch die Unverfügbarkeit und das Geheimnis der Dauer zusammen. Ich weiß, daß ein bestimmter Raum zwischen zwei Hügelzügen schon vor Millionen von Jahren bestand, und aller Wahrscheinlichkeit nach wird er morgen und noch unabsehbar weiterbestehen. Auf jeden Fall auch dann, wenn ich gestorben bin. Mit einiger Phantasie kann ich mir meine Stadt, meine Wohnung und sogar meinen Grabhügel nach meinem Tode so vorstellen, wie ich den Raum eines Freundes nach dessen Tod betrachte und betrete. Aber wie ich vor siebzig Jahren noch kein bewußtes Erlebnis der Dauer hatte, so bin ich nicht sicher, ob ich es morgen noch haben werde, in vierzig Jahren sicher nicht mehr. Ebenso ist es wahrscheinlich sinnlos zu fragen, *wo* die Toten sind; denn sie sind sicher nicht identisch mit ihren Leichen, aber von einem andern »Ort« wissen wir nichts. Dagegen ist die Frage sinnvoll, ob und allenfalls wie sie jetzt *dauern*. Haben doch der Geist, die Liebe und das Wort – um nur diese zu nennen – keinen Ort im Raum, aber wohl Dauer.

Der Mensch erfährt während seiner Lebensdauer verschiedene Veränderungen an seinem räumlichen Leibe, und er durchwandert im allgemeinen eine Reihe verschiedener Lebensräume. Ja, mit seinen Gedanken kann er sogar nichteuklidische Räume erfassen. Er gehört also als Dauer-Wesen nicht unbedingt zum Raum, er übersteigt den Raum und kann ihn auch verlassen, er ist zum Raume transzendent. Umgekehrt erfahren wir in unserm räumlichen Leib die Dauer als zu ihm transzendent, indem – vom Leibe aus betrachtet – diese Dauer plötzlich aufhören kann, wobei der mit dem lebendigen Leibe räumlich identische Leichnam übrigbleibt. Wir stehen also gewissermaßen am Schnittpunkt von Raum und Dauer. Anders ausgedrückt: wir identifizieren uns immer wieder mit unserer räumlichen Form, obschon wir in unserer Dauer ständig diese Form wechseln. (vgl. S. 32)

Die eben genannte Transzendenz der Zeit gegenüber der räumlichen Gestalt ist wohl einer der Uraspekte des Transzendenzerlebnisses überhaupt: Ich sitze mit meiner Frau am Tisch, wir sprechen von unseren innersten Gefühlen und verbergen einander nichts, wir kennen uns seit bald fünfzig Jahren und sind in der Ehe »eine Person«; trotzdem kann ich die Landschaft nicht mit ihren Augen sehen, die Musik nicht mit ihren Ohren hören, die Dauer nicht mit ihrem Bewußtsein erleben. Ihr Leben ist mir weitgehend bekannt, einfühlbar, vertraut; dennoch ist mir ihr Sein in der Dauer transzendent. – Dort liegt ein Patient, mit dem ich mich eben noch unterhielt, plötzlich erschlaffen seine Muskeln, sein Blick wird starr, er ist tot. Was ist geschehen? Sein Leib liegt immer noch da, aber sein Leben, seine »Seele« äußern sich nicht mehr darin, »sie haben ihn verlassen«, und sie erweisen damit ihre Transzendenz zum Räumlichen. – Jemand ist neben mir eingeschlafen; ich kann auf der Uhr feststellen, daß er höchstens 3 Minuten lang »weg« war; beim Erwachen erzählt er aber einen Traum, dessen Inhalt viele Stunden umfaßt. Die Dauer seines Traumerlebnisses ist zu der von mir gemessenen Zeit transzendent.

Mit diesen drei Situationen werden nur psychische Erlebnisse beschrieben und nichts über wirkliches Sein ausgesagt; sie wollen also phänomenologisch und nicht ontologisch verstanden sein. Aber sie veranschaulichen, daß wir in unserm täglichen Erleben, z. B. beim Traum, beim Tod oder bei der Begegnung mit dem Nächsten, das Phänomen der Transzendenz erfahren. Und zwar knüpft sich dieses Transzendenzgefühl in besonderer Weise an das Erlebnis der Dauer: Den Raum besitzen wir selbstverständlich, und niemand kann uns aus dem Raum hinaustreiben; die Zeit dagegen ist uns »gegeben«, und deshalb kann sie uns auch wieder »genommen« werden. Auch dieses Gefühl wird hier natürlich nur phänomenologisch beschrieben, aber es gehört wesentlich mit zum Erlebnis der Dauer.

10. Meine Zeit gehört nicht mir

Die psychologische Erfahrung von der Transzendenz der Dauer führt uns zur Erkenntnis, daß wir über unsere Zeit nicht willkürlich verfügen können, sowenig wir über unser Leben willkürlich verfügen können. Jeder anerkennt eine gewisse Verantwortung für sein Leben: Es müsse »naturgemäß« oder »persongemäß« gelebt werden, es müsse »menschenwürdig« oder »gottgefällig« sein, es habe sich »der Gemeinschaft einzugliedern« oder »schöpferisch sinnvoll« zu gestalten. Alle diese Ausdrücke meinen etwas Ähnliches, nämlich daß unser Leben nicht einfach unser »Besitz« ist, sondern zu einer Ordnung gehört, die unser Ich überragt. Genau dasselbe gilt für unsere Zeit: Wir können sie nicht verlängern und nicht wiederholen, nicht beschleunigen und nicht aufhalten; sie ist uns mit unserm Leben einmal und nur einmal gegeben. Schöpferische Dauer ist die Seinsart unseres Wesens; sie ist daher für uns »wesentlich«.

Gauger unterscheidet im erwähnten Büchlein »Angina temporis« scharf zwischen »wichtig« und »wesentlich«. »Wichtig« ist nach ihm alles, was man für Geld kaufen, was man mit technischen oder organisatorischen Maßnahmen bewirken kann, was zum äußeren Erfolg oder zur Hebung des Lebensstandards beiträgt. »Wesentlich« dagegen ist, was man für Geld nicht kaufen kann, was mit dem Wesen des Menschen zu tun hat, mit seiner Haltung und der Atmosphäre, die er verbreitet. »Der Eisschrank, der Staubsauger und die Küchenmaschinen ... sind ›wichtig‹; sie können es wenigstens sein. Aber ›wesentlich‹ sind sie nicht! ›Wesentlich‹ ist die innere Wärme eines Hauses, nicht die Zentralheizung, obschon eine Zentralheizung, wenn sie funktioniert, angenehmer, sauberer und zeitsparender ist als z. B. ein Kanonenöfchen. Aber die ›innere Wärme‹ eines Hauses und Heimes, die so wesentlich vor allem auch für die Kinder ist, hängt allein von der menschlichen ›Haltung‹ ab, hängt allein davon ab, ob die Frau eine wirkliche Frau und der Mann ein wirklicher Mann ist; hängt also allein davon ab, wie der Mann und die Frau zu den wesentlichen Inhalten des Lebens, *ihres* Lebens stehen« (S. 42/3).

Von da aus gesehen ist es also wesentlich, daß das Innerste und Persönlichste unseres Lebens zum Ausdruck komme, in unserer unmittelbaren Umgebung sicht- und fühlbar werde, daß wir es unseren Nächsten schenken können. Dazu braucht es aber »freie« Zeit, das heißt solche, die von innen, vom Wesen aus gesteuert wird und nicht von vornherein durch äußere, unpersönliche Anliegen in Beschlag genommen ist.

Richten wir uns nach dem Satz »Zeit ist Geld«, dann sind wir bestrebt, jede freie Minute möglichst günstig zu verkaufen, das heißt zu ver-äußern, andern Interessen zur Verfügung zu stellen, unfrei zu machen. Und das so verdiente Geld legen wir in Kenntnissen oder Maschinen so an, daß wir in Zukunft unsere Zeit noch günstiger und noch gründlicher verkaufen können. Der Mechaniker investiert alles, was er an Zeit und Geld erübrigen kann, für den Besuch eines Abendtechnikums, damit er nachher als Techniker das Doppelte verdienen kann. Und mit diesem Mehrverdienst richtet er sich ein kleines Geschäft ein, damit er durch Beschäftigung von einigen Arbeitern den täglichen Umsatz erhöht. Nach einigen Jahren hat er eine kleine Fabrik, die ihm ein Vielfaches einbringt. Mit 55 Jahren kann er eine AG gründen und seinen Betrieb automatisieren – da stirbt er an einem Herzinfarkt. Seine Frau hat »alles, was sie will«, sie kann sich sogar eine Kur in einem teuren Nervensanatorium leisten. Seine Kinder sind so gut geschult, daß sie die Nachfolge des Vaters übernehmen können; aber sie wollen nicht. Ihre Kindheit ist zu leer und traurig gewesen, weil der Vater nie Zeit für sie hatte und die Mutter immer krank war.

Wenn man schon Zeit und Geld in Beziehung setzen will, würde ich die Umkehrung des Satzes empfehlen:

»Geld ist Zeit«. Irgendwie müssen wir ja etwas Geld verdienen, aber wenn es für mehr reicht als unseren unmittelbaren Lebensunterhalt, dann können wir uns damit Zeit kaufen, freie Zeit, die wir nicht für »wichtige«, sondern für »wesentliche« Dinge verwenden.

Man kann nun darüber diskutieren, was »wesentlich« und was »nicht wesentlich« sei. Für den einen ist es das Familienleben, für den andern eine künstlerische Betätigung; der eine lebt im Sport auf, der andere will auf Reisen die Welt kennenlernen. Einzelne finden, wesentlich sei die stille Meditation oder das einfache Nichts-Tun. Wir werden später versuchen, Kriterien zu finden, nach denen jeder das für ihn Wesentliche erkennen kann. Jetzt ist es uns nur darum zu tun, überhaupt zu zeigen, daß die Zeit zur geheimnisvollen, wesentlichen Ordnung unseres Lebens gehört und deshalb nicht für unwesentliche, bloß »wichtige« Dinge verzettelt und verkauft werden darf.

So könnte man auch formulieren: Meine Zeit gehört nicht mir, sondern ich gehöre meiner Zeit. Ich kann nicht über meine Zeit willkürlich verfügen, sondern ich muß ihren Sinn erkennen – den Sinn meines Lebens – und dann eben zeit-gemäß, sinn-gemäß, lebens-gemäß leben. Wenn ich den Sinn meines Lebens erfülle, dann bin ich frei. Wenn ich dagegen der augenblicklichen Laune nachgebe, mich von irgendeinem äußern Reiz ablenken lasse und meine Zeit willkürlich da und dort verzettele, dann bin ich unfrei. Dasselbe gilt, wenn ich sie ohne Not dem verkaufe, der mir am meisten dafür anbietet.

Bevor wir uns den praktischen Fragen des Umgangs mit unserer Zeit zuwenden, müssen wir noch näher auf das Geheimnis der Zeit eingehen.

III. Vom Geheimnis der Zeit

11. Das alttestamentliche Verständnis der Zeit

Wenn wir uns mit dem Sinn und Geheimnis der Zeit befassen wollen, tun wir gut daran, zunächst einmal nachzusehen, ob die Bibel dazu etwas sagt. Dabei machen wir die erstaunliche Entdeckung, daß die Israeliten für unseren Begriff »Zeit« kein Wort haben. Fragt man aber die Alttestamentler, zeigt sich, daß die israelitische Auffassung der Zeit von der griechischen und damit auch von der unsrigen völlig verschieden ist.

Rein formal kennen die hebräischen Verben die uns so geläufigen Zeitformen der Gegenwart, Vergangenheit und Zukunft nicht; dafür unterscheiden sie zwischen abgeschlossenen, vollendeten Handlungen (sog. Perfekt) und solchen, die noch unvollendet, noch im Gang befindlich sind (sog. Imperfekt). Beide Formen können sich, je nach dem Zusammenhang, auf Gegenwärtiges, Vergangenes oder Zukünftiges beziehen, aber es wird nicht durch eine besondere Endung angezeigt.

Damit hängt der zweite Unterschied zusammen, daß sich die Hebräer nicht, wie wir, die Zeit als eine fortlaufende Linie vorstellen, auf der sich die Ereignisse wie Perlen an einer Schnur aufreihen; sondern sie sind außerstande, die Zeit vom jeweiligen Geschehen zu abstrahieren. Sie können sich eine Zeit ohne ein bestimmtes Geschehen gar nicht denken; sie kennen nur eine »gefüllte Zeit«. (G. v. Rad, II/113)

Sie interessieren sich also nicht für die »Lokalisation« der Ereignisse auf einem räumlich gedachten leeren Zeitschema, sondern sie interessieren sich für die Qualität ihrer Dauer so, wie sie das Bewußtsein des Redenden erfaßt. Thorleif Boman (Das hebräische Denken im Vergleich mit dem griechischen, S. 124) weist darauf hin, daß dieses hebräische Zeitverständnis mit der hier besprochenen Auffassung Bergsons (S. 42) genau übereinstimmt. Er sagt geradezu, man müsse annehmen, »daß es die Hebräer und die Semiten, nicht die Griechen und wir Europäer sind, die das adäquate Zeitverständnis haben... Unparteiisch erkenntnistheoretisch beurteilt, erscheint (das reine Geschehen der Hebräer) als die wirkliche Zeit«.

Eines der wichtigsten Wörter für »Zeit«, *het*, heißt eigentlich »Zeitpunkt«, »Zeitabschnitt«, »entgegentretender Moment«, den Zeitinhalt einschließend. So gibt es z. B. eine Zeit des Gebärens (Micha 5, 3), »eine Zeit des Vieheintreibens« (1. Mos. 29, 7), »eine Zeit, da die Könige ins Feld ziehen« (2. Sam. 11, 1).

Ein weiterer wesentlicher Aspekt des alttestamentlichen Zeitverständnisses ist der Begriff der »Gleichzeitigkeit«. Wir können ihn zunächst mit den Festen Israels veranschaulichen: Die dort gefeierten Taten Jahwes gehören nicht der »Vergangenheit« an, sondern sie sind absolut, für jede spätere Generation »gegenwärtig« und durch den Ritus der Festgemeinde verwirklicht. Das Passa z. B. mußte gegessen werden, »die Lenden gegürtet, die Schuhe an den Füßen und den Stab in der Hand, in angstvoller Eile« (2. Mos. 12, 11), weil der Auszug aus Ägypten jetzt nochmals eintritt. (G. v. Rad, II/117) »So ist es nicht das Vergangene, sondern das Dauernde, das wir in dem Ereignis feiern.« (Leo Adler, Die Bedeutung der jüdischen Festtage, S. 25.) Ähnliches gilt für die andern Feste.

Ganz deutlich wird die Gleichzeitigkeit bei der Erneuerung des Bundes ausgedrückt, wo Mose sagt: »Der Herr, unser Gott, hat am Horeb einen Bund mit uns geschlossen; nicht mit unsern Vätern hat der Herr diesen Bund geschlossen, sondern mit uns hier, die wir alle heute noch am Leben sind« (5. Mos. 5, 2/3).

Bekanntlich hat Sören Kierkegaard diese Gleichzeitigkeit als *den* Gedanken seines Lebens bezeichnet. Er schreibt darüber:

»Im Verhältnis zum Absoluten gibt es nur eine Zeit: die Gegenwart; wer mit dem Absoluten nicht gleichzeitig ist, für den ist es gar nicht da. Und da Christus das Absolute ist, so sieht man leicht, daß es im Verhältnis zu ihm nur eine Situation gibt: die der Gleichzeitigkeit ... Ein historisches Christentum ist Gallimathias und unchristliche Verrücktheit; denn was von wahren Christen in jeder Generation lebt, ist mit Christus gleichzeitig, hat mit den Christen in der vorigen Generation nichts zu schaffen, aber alles mit dem gleichzeitigen Christus« (Einübung im Christentum, S. 57/8).

Abschließend sagt Boman zur Gleichzeitigkeit: »Sie ist keine Aussage über die chronologische Zeit, d. h. die Zeit in unserem Sinne, sondern über die psychologische Zeit, d. h. die Zeit in israelitischem Sinne. Strenge Gleichzeitigkeit ist also dasselbe wie psychologische Identität, indem zwei seelische Inhalte zu einem zusammenfallen. Sie entspricht der geometrischen Kongruenz des griechischen Denkens, die die räumliche Identität zweier Größen ausdrückt« (S. 128).

Dieses psychologische, konkrete Verständnis der wirklichen Dauer ermöglichte erst dem Volk Israel die »geschichtliche« Erfassung des Heilsgeschehens. »Geschichtlich« freilich nicht in unserm Sinne von etwas Abgelaufenem, das nun der Vergangenheit angehört, sondern eben in dem Sinn von konkreten Taten Gottes, die dann und dann einsetzten und immer noch fortwirken, heute noch gegenwärtig (»gleichzeitig«) sind. Die Verkündigung der Zehn Gebote wird eingeführt durch die Worte: »Ich bin der Herr, dein Gott, der dich aus dem Lande Ägypten, aus dem Sklavenhause, herausgeführt hat« (2. Mos. 20, 2). Und Jesus sagt ganz in diesem Sinn: »Gott spricht: ›Ich bin der Gott Abrahams und der Gott Isaaks und der Gott Jakobs‹. Er ist nicht ein Gott von Toten, sondern von Lebendigen« (Matth. 22, 23). Diese stete Bezugnahme auf konkretes Geschehen unterscheidet die Religion Israels auch radikal von den scheinbar verwandten Kulten Mesopotamiens und Syriens, das »von einem mythischen Kreislaufdenken geprägt ist, also von einem Denkschema, das gerade das sakrale Geschehen vom Rhythmus naturhafter Ordnungen her begriff« (G. v. Rad, II/124).

Vielleicht findet der eine oder andere, diese Ausführungen seien etwas weithergeholt. Sie sollen aber zeigen, wie entscheidend unser Verständnis der Zeit für die gesamte Weltauffassung ist. In unserer »räumlichen«, quantitativen, linearen Zeit haben gewisse Vorstellungen einfach keinen Platz, die für die qualitative, von konkretem Geschehen erfüllte Dauer selbstverständlich sind. Es lohnt sich also schon, den Begriff der Dauer zu analysieren und richtig zu fassen; denn erst von da aus können wir dem Geheimnis unserer persönlichen Zeit näherkommen.

So wollen wir noch sehen, wie die israelitische Zeitauffassung sich im Neuen Testament weiterentwickelt hat.

12. Der »geschenkte Augenblick«

Die griechische Sprache des Neuen Testaments kennt drei verschiedene Begriffe, die im allgemeinen mit dem Wort »Zeit« übersetzt werden.

Aiōn bezeichnet im allgemeinen die Zeit, die einem Lebewesen zukommt, die Lebenszeit. Im Zusammenhang mit Gott bedeutet es dann »Ewigkeit«, im Zusammenhang mit der Welt die »Weltzeit« oder einfach die »Welt«. So wird etwa dieser (vergängliche) *Aion* dem zukünftigen (ewigen) *Aion* gegenübergestellt. Immer handelt es sich um eine lange Dauer, begrenzt oder unbegrenzt.

Chrónos heißt allgemein Zeit, insbesondere die meßbare, kurze oder lange Zeit. »Noch eine kurze Zeit (*Chronos*) bin ich bei euch ...« (Joh. 7, 33).

Kairós, der am häufigsten gebrauchte Begriff, heißt »der wesentliche Punkt«, »der entscheidende Zeitpunkt«, »der gottgegebene Augenblick«. Der Unterschied gegenüber *Chronos* drückt sich etwa in dem Satz aus: »Er zog für lange Zeit (*Chronos*) außer Landes, und als die Zeit (*Kairos*) da war, sandte er zu den Weingärtnern ...« (Luk. 20, 9–10). Jesus läßt seinem Gastgeber sagen: »Meine Zeit ist nahe« (Matth. 26, 18). Oder: »Die Zeit ist erfüllt, und das Reich Gottes ist genaht« (Mrk. 1, 15). Dabei wird das Wort *Kairos* gebraucht.

Ebensowenig wie das Alte Testament kennt das Neue eine unpersönliche, lineare Zeit, an der sich die Ereignisse aufreihen; sondern immer geht es um die qualitative, persongebundene, mit konkretem Geschehen erfüllte Dauer, in der es Höhen und Tiefen, Hell und Dunkel gibt, wo bestimmte, ausgezeichnete Augenblicke entscheidend sind, während in langen Perioden nichts geschehen kann. Das meint wohl Jesus, wenn er sagt: »Wir müssen die Werke dessen, der mich gesandt hat, wirken, solange es

Tag ist; es kommt die Nacht, wo niemand wirken kann« (Joh. 9, 4). Und Paulus: »Kaufet die Zeit aus (erschöpft den günstigen Augenblick); denn die Tage sind böse« (Eph. 5, 16).

In diesem Begriff des *Kairos* sehen wir die schon früher erwähnte Tatsache neu beleuchtet, daß das Leben einzelne ausgezeichnete Augenblicke bietet, in denen ein Unternehmen oder eine bestimmte Arbeit leicht gelingen, während sie zu einer andern Zeit auf große innere und äußere Schwierigkeiten stoßen. Er stimmt also mit der psychologischen Erfahrung gut überein, die keine gleichförmige Zeit kennt.

Im Neuen Testament wird aber besonders klar ausgedrückt, daß diese Gelegenheiten für uns nicht einfach »verfügbar« oder manipulierbar sind, sondern daß sie uns in bestimmten Augenblicken »angeboten« werden. Wir können sie dann ergreifen, aber auch verfehlen. So prophezeit Jesus den Untergang Jerusalems: »Deine Feinde werden dich dem Erdboden gleichmachen und deine Kinder in dir und keinen Stein in dir auf dem andern lassen, darum, weil du den *Kairos* deiner gnadenvollen Heimsuchung nicht erkannt hast« (Luk. 19, 44). Oder Paulus schreibt den Römern: »Laßt uns handeln als solche, die den *Kairos* verstehen, denn die Stunde ist für uns da, aus dem Schlafe aufzustehen« (Röm. 13, 11).

Alles Geschehen in der Bibel spielt sich ab auf dem Hintergrund des großen Heilsplanes Gottes für den Menschen. Jesus sagt zu seinen Jüngern: »Gehet ihr hinauf zum Fest. Ich gehe nicht zu diesem Fest, denn meine Zeit ist noch nicht da« (Joh. 7, 8). Und Paulus schreibt kurz vor seinem Tode: »Ich werde nun als Opfer hingegeben, und die Zeit meines Abscheidens ist da« (2. Tim. 4, 6). Beidemal wird das Wort *Kairos* gebraucht.

Im vorherigen Kapitel beschrieben wir die ähnliche

Bedeutung des hebräischen Wortes *Het*, das fast immer auf griechisch mit *Kairos* übersetzt wird. Dieses drückt aber noch deutlicher als jenes die Bezogenheit auf Gott aus: der von Gott gegebene, von Gott vorausbestimmte Augenblick, wo sich sein Plan erfüllt. Schon in Sprache, Grammatik und Wortschatz der Bibel wird die Auffassung deutlich, daß die Zeit von Gott gestaltet und von seinen Taten erfüllt wird. Unsere menschliche Zeit fügt sich in diesen Plan Gottes ein: Wir arbeiten mit ihm, dann gelingt alles leicht, oder wir folgen nur unserm Eigenwillen, dann stoßen wir immer wieder gegen Gottes Wirken an.

Diese Tatsache bedarf jetzt freilich einer gesonderten Betrachtung.

13. Gott in der Zeit

Hier soll also versucht werden, in aller Kürze die biblische Botschaft von Gott in der Zeit zu skizzieren. Mancher moderne Mensch glaubt, »damit nichts anfangen zu können«. Ich möchte ihn bitten, jetzt trotzdem weiterzulesen und sachlich zu prüfen, ob diese Botschaft nicht gut zur weiter oben entwickelten anthropologischen Auffassung der Dauer paßt, während man von der quantitativlinearen Zeitbetrachtung her tatsächlich keinen Zugang zu ihr findet.

Der Gott der Bibel wirkt in der Zeit, in unserer Zeit. Er tritt in ganz bestimmten Augenblicken in unser Leben und verändert es von Grund auf: »Im dreißigsten Jahre, am fünften Tage des vierten Monats« (Hes. 1, 1), »Montag, den 23. November 1654, abends zehneinhalb bis ungefähr eine halbe Stunde nach Mitternacht« (Pascal). Die Ewigkeit und Allgegenwart Gottes werden in der Bibel – im Gegensatz zur philosophischen Theologie – weit weniger betont, als daß er hier und jetzt ist. »In der Höhe und als Heiliger throne ich und bei den Zerschlagenen und Demütigen, daß ich den Geist der Gebeugten belebe und das Herz der Zerschlagenen erquicke« (Jes. 57, 15). Wir sahen, wie diese »Geschichtlichkeit Gottes« bei den jüdischen Festtagen in Erscheinung tritt.

Diese Geschichtlichkeit ist auch Gleichzeitigkeit: Gott begleitet uns und ist »nahe allen, die ihn anrufen« (Ps. 145, 18). Er ist kein unnahbarer Herrscher mit lebensfremden Geboten: »Dieses Gesetz, das ich dir heute gebe, ist für dich nicht zu schwer und nicht zu ferne. Nicht im Himmel ist es, daß du sagen könntest: Wer steigt uns in den Himmel hinauf, um es uns zu holen und uns zu verkünden, daß wir darnach tun?... Sondern ganz nahe ist dir das Wort, in deinem Munde und in deinem Herzen, daß du darnach tun kannst« (5. Mos. 30, 11–14). Der Gedanke, daß Gottes Gebote nicht draußen, sondern »im Herzen« leben sollen, wird immer wieder ausgedrückt. (Jerem. 24, 7; 31, 33; 32, 39; Hes. 11, 19; 36, 26)

Dementsprechend besteht der wahre Gottesdienst weit weniger in Opfern und Kulthandlungen als im konkreten Gehorsam auf diese Gebote und in ihrem Tun am Nächsten: »Ist nicht das ein Fasten, wie ich es liebe: daß du ungerechte Fesseln öffnest, die Stricke des Joches lösest? Daß du Mißhandelte ledig lässest und jedes Joch zerbrichst? Daß du dem Hungrigen dein Brot brichst und Arme, Obdachlose in dein Haus führst? Wenn du einen Nackten siehst, daß du ihn kleidest und dich den Brüdern nicht entziehst? Dann wird dein Licht hervorbrechen wie die Morgenröte und deine Heilung eilends sprossen« (Jes. 58, 6–7). Ähnlich Hosea 6, 6: »An Liebe habe ich Wohlgefallen und nicht an Schlachtopfern.«

Wir nahen uns hier dem eigentlichen Geheimnis: Gott

begegnet uns in der Zeit, immer wieder in entscheidenden Augenblicken (*Kairoi*), und er begegnet uns im konkreten Nächsten, dem wir die Liebe erweisen sollen, mit der Gott uns liebt. Gottes absolute Transzendenz begegnet uns konkret in der Zeit und im Nächsten. Nun sahen wir bereits bei der phänomenologischen Analyse der Kapitel 8 und 9, daß sowohl die Dauer wie der Nächste für uns transzendent, unsere Person übersteigend, unverfügbar sind; unser Denken ist also für diese Begegnung bereits etwas vorbereitet.

Und jetzt erfolgt die höchst eigenartige Erklärung, daß Gott einmal, in einem bestimmten Augenblick »in den Tagen des Königs Herodes, unter Kaiser Augustus, als Quirinius Statthalter in Syrien war«, in einem bestimmten Menschen, Jesus, dem Sohne Marias und Josephs, des Zimmermanns in Nazareth, »Fleisch« geworden ist. In diesem einen Satz ist die ganze biblische Botschaft zusammengefaßt, in dieser einen Tat konzentriert sich Gottes Wirken auf eine Person: Gott, wie er von Anfang an war, ist in Jesus Mensch geworden.

Versuchen wir, dieses geheimnisvolle Wort auszulegen: Gott ist in Jesus unser Nächster geworden, und umgekehrt lebt Jesus in jedem Nächsten. »Was ihr einem dieser meiner geringsten Brüder getan habt, habt ihr mir getan« (Matth. 25, 40). »Das Wort ward Fleisch« heißt auch: »Das Wort ward Zeit«, sagt Karl Barth, und weiter: »Gott offenbart sich heißt: ›Gott hat Zeit für uns‹. Gottes Offenbarung ist Gottes unbegreifliches Freisein und damit Dasein für uns. Eben dieses sein Freisein und Dasein besteht aber darin, daß er Zeit für uns hat. In diesem Zeithaben Gottes für uns liegt, weil seine Zeit die rechte, echte, wirkliche Zeit ist, die ganze Fülle der Wohltat der göttlichen Offenbarung und der in ihr vollstreckten Versöhnung« (Kirchl. Dogmatik I/2, S. 55, bzw. 60).

Dietrich Bonhoeffer drückt dasselbe gewissermaßen in umgekehrter Reihenfolge aus, indem er von der unmittelbaren Erfahrung ausgeht: »Was ist Gott? Nicht zuerst ein allgemeiner Gottesglaube an Gottes Allmacht etc. Das ist keine echte Gotteserfahrung, sondern ein Stück prolongierter Welt. Begegnung mit Jesus Christus: Erfahrung, daß hier eine Umkehrung alles menschlichen Seins gegeben ist, darin, daß Jesus nur ›für andere da ist‹. Das ›Für-andere-da-Sein‹ Jesu ist die Transzendenzerfahrung! ... Unser Verhältnis zu Gott ist kein ›religiöses‹ zu einem denkbar höchsten, mächtigsten, besten Wesen – dies ist keine echte Transzendenz –, sondern unser Verhältnis zu Gott ist ein neues Leben im ›Dasein-für-Andere‹, in der Teilnahme am Sein Jesu. Nicht die unendlichen, unerreichbaren Aufgaben, sondern der jeweils gegebene erreichbare Nächste ist das Transzendente. Gott in Menschengestalt!, nicht wie bei orientalischen Religionen in Tiergestalten als das Ungeheure, Chaotische, Ferne, Schauerliche; aber auch nicht in den Begriffsgestalten des Absoluten, Metaphysischen, Unendlichen etc.; aber auch nicht die griechische Gott-Menschengestalt des ›Menschen an sich‹, sondern ›der Mensch für andere‹!, darum der Gekreuzigte. Der aus dem Transzendenten lebende Mensch« (Widerstand und Ergebung, S. 259).

Diese für unsern Laienverstand sehr theologischen Formulierungen versuchen wir, schlichter auszudrücken.

Das Erlebnis der persönlichen, qualitativen Dauer führte uns zur Begegnung mit der Wirklichkeit außer uns, also dem für uns Transzendenten, und das war zunächst das Du, der Nächste. Wir stellten fest, daß »unsere Zeit nicht uns gehört, sondern vielmehr wir unserer Zeit gehören«. Aber der Sinn dieser »transzendenten Zeit« blieb für uns geheimnisvoll. Die Bibel aber, die ständig mit dieser wirklichen, persönlichen Dauer rechnet, nennt nun als den großen Partner den »Gott, der Geschichte macht«, den »zeitgewordenen Gott«, wie er uns am deutlichsten in der Person von Jesus dem Christus entgegentritt. Nach der Bibel ist Christus der eigentliche Herr der Zeit. Ja, die Zeit war überhaupt von Anfang an auf ihn hin geschaffen.

Es steht jedem frei, diese Aussage nicht mitzuvollziehen. Dann bleibt für ihn das Geheimnis der Zeit als solches bestehen. Oder er umgeht das Geheimnis durch eine einseitige Auffassung der Zeit, die vor allem nach drei Richtungen erfolgen: 1. Die Zeit wird »mythologisiert«, indem man aus ihr einen Götzen macht, der alles wendet, alles heilt und von sich aus Leben schafft. 2. Die Zeit wird »humanisiert« als eine Größe, die der Mensch natürlich besitzt und benützt, deren Sinn aber nur ein »Sein zum Tode« sein kann. 3. Die besondere Eigenart der wirklichen Dauer wird gar nicht gesehen, und man rechnet ausschließlich mit dem quantitativen Zeitbegriff der klassischen Physik.

An dieser Stelle müssen wir eine schwerwiegende Frage aufwerfen: Wir legten in den ersten Kapiteln dar, daß die verschiedenen »Zeit-Krankheiten«, an denen der moderne Mensch noch weit mehr leidet als die Menschen früherer Jahrhunderte, durch eine Verwechslung der wirklichen Dauer mit der quantitativen Zeit bedingt sind. Liegt der Schluß nicht nahe, daß dieses Mißverständnis und dieser Mißbrauch der Zeit ihrerseits auf die Tatsache zurückgehen, daß wir »Gott in der Zeit« nicht mehr sehen können? Daran sind nicht so sehr diejenigen schuld, die überhaupt an keinen Gott mehr glauben, als vielmehr die, welche einen nur jenseitigen, welt- und zeitfernen »Gott« verkündeten. Diese Verkündigung erfolgt aber schon sehr lange.

Mit zunehmender Naturerkenntnis und philosophischer Besinnung konnte man den weltfremden »Gott« immer weniger annehmen; was aber weit schlimmer ist: das richtige Verständnis für die wirkliche Dauer ging sowohl bei den »Gläubigen« als bei den »Ungläubigen« verloren. In der quantitativen Zeit der klassischen Physik hatte indessen der lebendige Gott einfach keinen Platz mehr, und an seine Stelle trat mehr und mehr das Gottesbild in Erscheinung, von dem die heutigen Theologen erklären, es sei »tot«. Natürlich haben sie recht, denn dieses Gottesbild hat noch nie gelebt, aber es muß klar gezeigt werden, daß nicht der lebendige Gott der Bibel »gestorben« ist, sondern daß wir uns durch falsche Begriffe den Zugang zu ihm weitgehend verbaut hatten. Zu diesen falschen Begriffen zählte auch die Verwechslung von echter Dauer und quantitativer Zeit.

Die vertiefte phänomenologische Erfassung des Erlebnisses der Dauer, wie wir sie vor allem Bergson verdanken, hat zweifellos – bewußt oder unbewußt – an der modernen Frage nach dem lebendigen Gott beigetragen. Darüber hinaus hängt unser gesamter Lebensstil wesentlich ab von unserem Verständnis der echten Dauer. Das soll in den nächsten Kapiteln näher erläutert werden. – Neue Wege zum Verständnis der Zeit der Geschichte weist Georg Picht: Die Zeit ist selbst das Sein, und die Wahrheit hat eine Geschichte.

IV. Zeit-gemäß leben

14. Zur Lebenssituation des heutigen Menschen

> There are more things in heaven
> and earth, Horatio, than are
> dreamt of in your philosophy.
> *Hamlet, Act 1, Sc. V*

Wollte man versuchen, in wenigen Sätzen und nur grober Annäherung zu beschreiben, worin sich der heutige Mensch von dem Menschen unterscheidet, der vor hundert, zweihundert oder dreihundert Jahren lebte, dann müßte man wohl zuerst auf die in dieser Zeit explosionsartig erfolgte Erweiterung und Vertiefung seiner Naturerkenntnis hinweisen sowie auf die daraus fließenden ungeahnten Möglichkeiten der Naturbeherrschung. Wenn man auch etwa seit Galilei von einer modernen Methode exakter Naturerkenntnis reden kann, so bleiben doch die großen Systeme umfassender Welterklärung bis zum Beginn des 19. Jahrhunderts naturphilosophische Spekulationen, die sich nur zum kleinsten Teil experimentell nachprüfen ließen. Ihr Hintergrund wurde gebildet von der griechischen Naturphilosophie, namentlich in ihrer aristotelischen Form, von der damit verwandten, aber sogenannten christlichen Weltanschauung der Kirchenväter und schließlich von der rein rationalen Philosophie von Descartes. Ihr praktischer Einfluß auf die Technik war dementsprechend sehr gering.

Das 19. Jahrhundert erlebte dann den allmählichen Aufbau einer »vorurteilslosen« Wissenschaft, die die gesamte Natur, inbegriffen die biologischen und psychologischen Erscheinungen, konsequent aus einfachsten – zunächst mechanisch gedachten – Elementarvorgängen zu erklären versuchte. Gewiß erwies sich im Laufe der Zeit manche Hypothese als unhaltbar, manche Grundanschauung oder Auslegung konnte als unbewußte »Mythologie« oder »Ideologie« durchschaut werden, aber das System als Ganzes hat sich bewährt, weil es die offene Kritik und Diskussion und vor allem die Kontrolle durch das Experiment anregte und verwertete. Umgekehrt ermöglichte diese stete Bezugnahme aufs Experiment auch die Voraussage gewisser Wirkungen, wenn bestimmte Voraussetzungen erfüllt sein würden. Ein bekanntes Beispiel: Während im ausgehenden Mittelalter mehr oder weniger zufällig entdeckt wurde, daß ein Gemisch von Holzkohle, Schwefel und Salpeter explosiv wirkt, konnte jetzt vorausgesehen werden, daß eine hochaktive Stickstoffverbindung, wie Salpetersäure, und leicht zerfallende Kohlenstoffverbindungen, wie Glyzerin oder Baumwolle, miteinander einen Sprengstoff von besonderer Brisanz ergeben würden. (Nitroglyzerin und Schießbaumwolle)

Es ist für die letzten 150 Jahre geradezu charakteristisch, daß anscheinend bedeutungslose »Curiosa«, die man auf ganz verschiedenen Gebieten entdeckt hatte, systematisch ausgewertet und in große Zusammenhänge eingefügt wurden. Um nur einige wenige Beispiele zu nennen: Die Isolierung von Sauerstoff aus Quecksilberoxyd durch Lavoisier, die Synthese von Harnstoff durch Wöhler, die schon lange bekannten Erscheinungen der Reibungselektrizität und die Beobachtungen Galvanis an Froschschenkeln, die merkwürdigen Kathodenstrahlen in der Crookeschen Röhre, die vom Ehepaar Curie beobachteten Zerfallserscheinungen am Radium, die Teilungsexperimente Drieschs an Seeigeleiern – sie alle waren Ausgangspunkte grundlegender Entwicklungen der Wissenschaft und Technik.

Der heutige Mensch besitzt nicht nur eine weitgehende exakte Kenntnis der Gesetze, die die Naturvorgänge beherrschen, sondern er kann diese Naturvorgänge auch schon zum Teil nachbilden: Er kann Blitze erzeugen, Hagelwolken in Regen umwandeln und die meisten Riech- und Farbstoffe der Pflanzen herstellen. Ja, er kann hochmolekulare Eiweißverbindungen synthetisieren, und morgen wird er vielleicht einfachste Lebewesen künstlich erzeugen können. Darüber hinaus kann er aber auch Dinge tun, die in der Natur nicht vorgebildet sind, wie radioelektrische Wellen, Kernspaltungen im großen Ausmaß, elektronische Maschinen und anderes mehr. Hans Freyer erblickte ein Hauptcharakteristikum des heutigen Menschen in seinem »Glauben an die Machbarkeit der Sachen«. In der Tat sind die meisten heutigen Menschen nicht nur überzeugt, man werde über kurz oder lang alles herstellen können, was man wünscht, sondern sie glauben darüber hinaus, man müsse auch alles ausführen, wozu man imstande sei: Wir haben die Möglichkeit, auf dem Mond oder der Venus zu landen, also haben wir auch die Pflicht, Tausende von Milliarden auszugeben, um eine solche Landung zu verwirklichen.

In diesem großartigen Gebäude der Wissenschaft, in dem jedes Phänomen zu den andern in fester Beziehung steht, hat es für den Gott des traditionellen »christlichen Weltbildes« keinen Platz mehr. Bekanntlich bezeichnete Laplace Gott als eine »überflüssige Hypothese«. Die Versuche der Theologie, die Notwendigkeit Gottes für einige besonders geheimnisvolle Probleme dennoch zu beweisen, gleichen den Rückzugsgefechten einer geschlagenen Armee. Mit jedem Fortschritt der Wissenschaft wird der Raum für diesen »Verlegenheitsgott« kleiner, und man sieht den Tag kommen, wo er gar keine Daseinsberechtigung mehr haben wird. Es ist deshalb vernünftiger und ehrlicher, zuzugeben, daß die Gottesvorstellung, die dem alttestamentlichen und dem mittelalterlichen Weltbild entspricht, heute aufgegeben werden muß. Das will indessen noch lange nicht heißen, daß wir in den Slogan mancher Theologen einstimmen müssen, die fröhlich verkünden: »Gott ist tot.«

Gerade die modernste Physik hat den »Totalitätsanspruch« der Naturwissenschaft, wie sie noch vor fünfzig Jahren verstanden wurde, aufgegeben. Sie glaubt nicht mehr, die gesamte materielle, seelische und geistige Wirklichkeit in ihre Formeln einfangen zu können; sondern sie weiß, daß sie nur einen Aspekt der gesamten Wirklichkeit erfaßt, diesen aber in »vollkommener« Weise. Es ist nicht so, als ob die Physik vor irgendeinem »Ignorabimus« resignierte und sich mit einer teilweisen, partiellen Naturerklärung begnüge; sondern sie zeichnet wohl ein lückenloses und – wenigstens potentiell – in sich geschlossenes Weltbild. Sie weiß aber andererseits – gerade wegen der Vollkommenheit ihrer Erkenntnis –, daß diese Welt noch andere Aspekte aufweist, auf die ihre Apparate nicht reagieren und die sie auch nicht interessieren. Sowenig sich der Philosoph um die chemische Zusammensetzung und das Gewicht der Druckerschwärze kümmert, mit der eine bestimmte Abhandlung gedruckt ist.

Zu diesen Aspekten der Wirklichkeit, die die Physik nicht interessieren – man hat sie deshalb meta-physisch genannt – gehört unter anderem alles, was wir als »Geist« bezeichnen. Vor allem gehört aber dahin, was wir schon wiederholt als die »Person« bezeichneten, die sich – etwas weniger umfassend – in den Begriffen »Ganzheit«, »Integration«, »Entelechie«, »Zeitgestalt« ausdrücken läßt. Von diesem Begriff sagte Claude Bernard schon vor mehr als hundert Jahren: »Die einzelnen Elemente des Phänomens sind physikalisch, ihre Integration ist vital.« (»L'élément ultime du phénomène est physique, l'arrangement est vital...«).

Nun spielt für uns dieser Aspekt der Person eine weit wichtigere Rolle als der physikalische Aspekt unseres Leibes. Als Personen fühlen, denken und wollen wir, als Personen begegnen wir einander in der Liebe, und als Personen begegnen wir dem persönlichen Gott. Das ganze Leben der Person spielt sich aber in der »wirklichen Dauer« ab, im Gegensatz zur physikalischen Zeit der Maschinen.

Diese Betrachtungsweise ist gerade für den heutigen Menschen von entscheidender Bedeutung. Er steht nämlich für gewöhnlich noch auf dem Boden der klassischen »totalitären« Naturwissenschaft, die vor fünfzig Jahren herrschte, und hat von daher die Neigung, sich selbst zu den »lebenden Maschinen« zu zählen, sich widerstandslos von der »physikalischen Zeit« beherrschen zu lassen und damit der ganzen Zeit-Not zu unterliegen, die wir in unsern drei ersten Kapiteln beschrieben. Das ständige Bestreben dieses Buches zielt darauf, den heutigen Menschen von dieser irrtümlichen Vorstellung zu befreien und ihm anhand einer vielschichtigen Analyse des Zeitbegriffs zu zeigen, daß er nicht in die Sklaverei der Maschinen gehört, sondern in die Freiheit menschlicher Personen. Weil die alte verkehrte Denkweise so tief eingewurzelt ist und die neuen Gedanken zunächst etwas subtil und ungewohnt erscheinen, ist es unumgänglich, sie immer wieder von neuen Seiten zu beleuchten, was bisweilen Wiederholung bedingt. Wir wollen aber jetzt versuchen, von der anschaulichen Praxis auszugehen.

Um dieses Kapitel abzuschließen, seien noch einige Worte von P. J. David anläßlich einer Ingenieurtagung angeführt: »Ich meine sogar, Gott der Herr habe die Atomkraft und sogar die Atombombe bei Anbeginn der Schöpfung bereitgelegt, daß der Mensch sie finde und in diesem Augenblick der Weltgeschichte zu seiner höchsten Verantwortung aufgerufen werde, nämlich zur Verantwortung der Entscheidung, ob er weiter existieren oder sich selber zerstören wolle. Das ist ein ungeheures Risiko, daß Gott der menschlichen Freiheit letzten Endes sogar die Existenz der Menschheit anvertraut. Aber das gehört mit zur Erprobung der Freiheit, mit der Möglichkeit der Katastrophe, aber auch mit der Möglichkeit, nun sein Dasein immer mehr in die Hand zu nehmen, immer mehr in Freiheit zu bejahen, immer mehr nach den Plänen des Schöpfers zu gestalten, daß er über diese ungeheuren Mächte eben Gewalt gewinnt« (in: Der Ingenieur als Mensch vor dem Problem der Technik, S. 93).

15. Mensch und Technik

> »Hier sind Pillen gegen den Durst, so daß man nicht mehr zu trinken braucht. Sie bedeuten eine große Zeitersparnis: Fachleute haben ausgerechnet, daß man damit 53 Minuten pro Woche sparen kann. – Und was macht man mit diesen 53 Minuten? – Man macht damit, was man will . . . – Wenn ich 53 Minuten zur Verfügung hätte, dachte der kleine Prinz, dann würde ich ganz gemächlich zu einem Brunnen spazieren.«
> *Saint-Exupéry, Der kleine Prinz*

Wir alle leben mit und von der Technik. Wollten wir plötzlich auf alle Technik verzichten, würden wir sehr bald hungern, frieren und an Epidemien zugrunde gehen. Dennoch müssen wir – heute mehr denn je – nach dem Sinn der Technik fragen. Viele Menschen, in Amerika vielleicht noch mehr als in Europa, haben die Neigung, den technischen Fortschritt als solchen für gut zu halten und die Kultur mit der technischen Zivilisation zu identifizieren. Wenn in einer mittleren Stadt 80 000 statt 20 000 Kraftwagen verkehren, ist das ein Fortschritt. Wenn nicht nur jede Familie, sondern jedes Glied bis zum sechsjährigen Schüler einen Transistor besitzt, kann man von einer hohen Kultur reden, und wenn man einmal von Berlin nach Chicago oder nach Tokio nur eine Flugstunde benötigt, wird es auf der Welt herrlich sein.

Nichts liegt mir ferner, als die Technik als solche zu verdächtigen oder geringzuschätzen. Sie ist, nach einer Formulierung von J. David, »eine fortschreitende Befreiung des Menschen vom Zwang der Natur, sie bedeutet Investition von Geist in die Materie hinein«. Und diese Befreiung durch die Technik beruht ganz und gar auf der geistigen Befreiung durch das Christentum. Aber die Technik ist nicht »an sich« gut, sondern nur insofern sie den Menschen von einem Zwang, einer Last, einer Lebensbedrohung oder -einschränkung befreit zu einem glücklicheren, fruchtbareren und sinnvolleren Leben. Wir müssen uns ein für allemal von der Gleichung »technischer Fortschritt = gut« befreien und in jedem Einzelfall den Wert einer technischen Einrichtung zu beurteilen versuchen.

Es ist ein Segen der Technik, daß kranke und einsame Menschen Fernsehen und Radio haben; daß hingegen in einer Gruppe junger Menschen bei einer sommerlichen Wanderung der eine auf seinem Transistor die Winterolympiade in Australien verfolgt, der andere eine Reportage »New York by night«, ist nicht nur höchst widersinnig, sondern schon etwas pervers. Es ist ein großer Fortschritt, daß Schwerarbeiten durch Buldozer und Hebemaschinen ausgeführt werden; dagegen bedeutet es eine sinnlose Überlastung des Straßenverkehrs und der Parkmöglichkeiten, wenn hundert Angestellte desselben Werkes je allein in einem Viersitzer aus dem gleichen Vorort in die Stadt fahren. Mit einem Bruchteil des Geldes, das für Weltraumraketen und Kernwaffenversuche ausgegeben wird, könnte innerhalb weniger Jahre der letzte Inder oder Chinese vor dem Hunger bewahrt werden.

»Die« Technik ist also kein absoluter Wert; ihre Möglichkeiten »müssen« nicht alle ausgenutzt werden, und ihr Fortschritt bezeichnet nicht immer den »richtigen« Weg. Wenn wir uns von der Technik als solcher führen lassen, wenn wir ihr wie einer Gottheit dienen und uns an ihren Erfolgen berauschen, dann macht sie uns unbedingt zu ihren Sklaven, und unser Lebensrhythmus muß sich dem Rhythmus ihrer Maschinen anpassen. Dann sind wir hoffnungslos der Zeit-Not verfallen.

Aber weit schlimmer als die Technik ist der Wirtschaftsapparat, der sie notwendig begleitet. Der genialste Ingenieur kann seine Erfindungen nicht verwerten, wenn sie nicht von der Wirtschaft angenommen und vertrieben werden. Würde nun die Wirtschaft nur die vollkommensten technischen Produkte fördern, wäre alles in Ordnung; indessen kümmert sie gewöhnlich nicht die technische Qualität einer Ware, sondern ihre wirtschaftliche Rentabilität. Ein künstlerisch schlechter Film, eine moralisch minderwertige Zeitung, ein pharmakologisch unwirksames Medikament werden mit großem Kapitalaufwand in Betrieb genommen, weil der Publikumsgeschmack, die Zügigkeit der Schlagzeilen oder die psychologische Verpakkung einen guten Verkaufserfolg versprechen, während entsprechend hochqualifizierte Produkte gar nicht zum Zuge kommen, weil die Verkaufsaussichten zu gering sind.

Sehr häufig ist es sogar so, daß nicht zuerst die Erfindung da ist und dann die Wirtschaft prüft, ob sie sie verwerten will; sondern umgekehrt fragt die Wirtschaft zuerst, womit sie am leichtesten viel verdienen könne, und dann wird irgendein Produkt erfunden, das diesem Sinn genügt – sonst aber überhaupt keinen Zweck erfüllt. So entstehen die neuen Zigaretten- oder Zahnpastamarken, die neuen Illustrierten und Schlagerplatten sowie Tausende und Abertausende völlig überflüssiger Artikel, die man nur deshalb kauft, weil große Wandplakate und Inserate sie als »unentbehrlich«, »umwälzend« oder »speziell für Sie erdacht« anpreisen. Die Reklame macht uns auf eine ganz raffinierte Weise unfrei: Sie suggeriert uns ein, etwas zu wollen und teuer zu bezahlen, was uns gar nichts nützt, dafür aber einen gerissenen Geschäftsmann bereichert.

Vertiefen wir uns in den Inseratenteil einer großen Zeitung, sehen wir so viele Veranstaltungen, die wir unbedingt besuchen sollten, so viele Produkte, die wir bisher leider noch nicht kannten, aber sogleich anschaffen müssen, so viele einmalige Gelegenheiten, unseren bewährten Photo- oder Radioapparat gegen ein neues Modell auszutauschen, von dem wir dann nur noch 80% in bar zu bezahlen brauchen, daß wir gleich aufstehen und an die Erfüllung dieser langersehnten – nein, dieser soeben geweckten Bedürfnisse gehen müssen. Um selber aus der Tiefe unserer Seele einen Wunsch wahrzunehmen oder um zu erahnen, was unser Ehegatte, unser Sohn oder unsere Tochter, unser bester Freund sich jetzt eigentlich wünschen könnte, dazu bleibt uns freilich bei der Fülle des Gebotenen – keine Zeit.

Diese Betrachtungen wollen uns nicht zum Kulturpessimismus treiben, ganz im Gegenteil. Sie möchten auf die herrlichen Möglichkeiten der Technik hinweisen, die unsere physischen und geistigen Kräfte fast unbegrenzt vervielfachen können, zugleich aber nachdrücklich unterstreichen, daß wir jederzeit die Herren der Technik bleiben müssen und uns ihren Launen niemals unterwerfen dürfen.

Diese Warnung ergeht an uns alle, seien wir nun mehr »Techniker« oder mehr »Konsumenten«. Natürlich wird zuerst der Techniker aufgefordert, den tiefern Sinn seiner Erfindungen und Produkte zu prüfen und gegebenenfalls den Lockungen der Wirtschaft mutig zu widerstehen. Aber ebenso wichtig ist die Aufforderung an den Konsumenten, seine von der Reklame geweckten Wünsche kritisch zu prüfen und nichts zu kaufen, was nicht einem echten persönlichen Bedürfnis entspricht. Man kann sich einen Sport daraus machen, immer nach der Mode zu gehen und überall das neueste Modell zu besitzen. Es ist ein ebenso reizvoller Sport, der Mode grundsätzlich zu widerstehen und das gerade nicht zu kaufen, was die Reklame verzweifelt anpreist und alle anderen besitzen. Wenn ein beachtlicher Teil der Bevölkerung einen solchen »Kaufstreik« durchführen wollte, würde die gesamte Werbepsychologie merklich erschüttert.

Wozu dieser Widerstand? Um Zeit zum Leben zu haben, um frei zum Leben zu sein. Er klingt vielleicht utopisch. Ich glaube aber, daß die Zusammenarbeit einiger Techniker, einiger Werbefachleute, einiger Psychologen und einiger Fachmänner in Lebenskunst und Lebensweisheit sehr Wesentliches zur Entmächtigung der Reklame beitragen würde und damit auch zur Befreiung des Menschen zum wirklichen Leben.

16. Von der Qualität der Arbeitszeit

> Mag es also für Fachkollegen schockierend klingen: Bei einem tüchtigen Ingenieur fällt die Entscheidung über die Ganzheit seines Menschentums nicht im Raum der Facharbeit, sondern außerhalb derselben.
>
> *Eberhard Schapitz*

Über die Quantität, d. h. die Länge der Arbeitszeit können wir uns hier kurz fassen. Bekanntlich hat sie dank der Technik und allgemeinen Rationalisierung eine Tendenz, verkürzt zu werden. Merkwürdigerweise haben aber zu allen Zeiten alle Betriebsleiter kategorisch erklärt, es sei völlig unmöglich, die Arbeitszeit zu verkürzen, ohne die ganze Produktion und Wirtschaft aufs schwerste zu gefährden. So hieß es vor der Einführung der 72-Stundenwoche, so wurde weiter versichert, als die Arbeitsdauer auf 60, 48, 44 und 40 Wochenstunden herabgesetzt wurde. Nachträglich aber erwies sich die Arbeitszeitverkürzung nicht nur für die Arbeitnehmer, sondern auch für die Unternehmer immer wieder als ein Segen.

Wie Gert Spindler, ein freier Unternehmer, richtig bemerkt, sollten die Unternehmer der Gesellschaft gegenüber einen neuen Standpunkt einnehmen. Sie sind durch den vom Kapitalgeber erteilten wirtschaftlichen Auftrag in ihrer Tätigkeit einseitig bestimmt; sie arbeiten nicht bewußt für die »Gesellschaft«, sondern in erster Linie für sich und ihr Werk. »Es gibt heute noch keine neuen allseitig anerkannten Maßstäbe, an denen die Tätigkeit der Unternehmer vor dem Hintergrund ihrer gesellschaftlichen Verpflichtungen gemessen werden kann, und kaum eine Möglichkeit, sie von außen zu beeinflussen« (Neue Antworten im sozialen Raum, S. 162/3). Dieses einseitige Verhalten bedingt den ebenso einseitigen Gegendruck der Gewerkschaften und der sozialistischen Partei. Das Ganze führt zu einem reinen Machtkampf, und seine Trümmer sind die periodischen Wirtschaftskrisen.

Wenn Unternehmer und Arbeitnehmer ihre gemeinsamen Interessen als solche wahrnehemen – diese sind dann auch zugleich die Interessen der »Gesellschaft« – und mit wissenschaftlicher Objektivität und Verantwortung an ihre Lösung herantreten, werden sich völlig neue Möglichkeiten ergeben. Ohne mich hier auf ein Gebiet einzulassen, von dem ich wenig verstehe, möchte ich auf die sehr anregende Zukunftsvision von Jean Fourastié hinweisen (Les 40 000 heures, Paris 1965,), der es nach entsprechenden Vorbereitungen für eine nahe Zukunft als durchaus möglich hält, daß der Mensch jährlich nur 40 Wochen zu je 30 Stunden arbeiten wird und nach 35 Jahren Arbeit pensioniert werden kann. Das wären insgesamt 40 000 Arbeitsstunden fürs ganze Leben statt rund 100 000 wie heute.

Die große Frage ist nicht, ob diese Zahlen etwas zu groß

oder etwas zu klein berechnet sind, sondern vielmehr die: 1. Was wird der Mensch mit seinen täglichen 10 Stunden Freizeit, seinen 3 Monaten Urlaub im Jahr und seinen 20–25 Jahren Ruhestand anfangen? Wie kann er sie gestalten? 2. Wie wird die Qualität seiner kurzen Arbeitszeit sein? Besteht nicht die Gefahr, daß sie das Nervensystem so beansprucht, daß die nachfolgende Freizeit mehr oder weniger illusorisch wird? Wir wollen uns zuerst mit dieser 2. Frage befassen.

Die eigentliche Gefahr bildet heute sicher nicht die absolute Dauer der Arbeitszeit, sondern ihr Tempo und die darin geforderte Aufmerksamkeit und Reaktionsbereitschaft. Wer vier Stunden auf einer gemütlichen Landstraße oder einer wenig befahrenen Autobahn fährt, ermüdet viel weniger als wer nur zwei Stunden in möglichst raschem Tempo auf einer vielbefahrenen, nur zweispurigen Straße mit Gegenverkehr fahren muß. Damit vergleichbar ist die Situation des modernen Arbeiters, der einen komplizierten Fabrikationsprozeß in mehreren Maschinen überwachen muß, oder des Drehers, der durch eine kleine Unachtsamkeit einen hochwertigen Maschinenteil unbrauchbar machen kann. Es wird eine der großen Aufgaben des Betriebsleiters sein, den rechten Mann an den rechten Platz zu setzen, das Tempo der Maschine nach Möglichkeit seinem individuellen Tempo anzugleichen und die Arbeitspausen zur richtigen Zeit einzuschalten. Darüber hinaus sind alle Arbeiter und Angestellten, die mehr »mit den Nerven« als mit den Muskeln arbeiten, auf die menschliche Behandlung besonders empfindlich. Mangelndes Verständnis, schroffe Bemerkungen seitens der Vorgesetzten oder das chronische Gefühl, nicht genügend anerkannt zu werden, vervielfachen die Müdigkeit und die innere Abnutzung. Man könnte ernstlich erwägen, ob neben dem Personalchef eine Anzahl von Betriebspsychologen nicht von größtem Nutzen wären, die außer der üblichen Arbeitspsychologie auch Kurzpsychotherapien und Eheberatungen durchführen würden.

Noch schwieriger als für Menschen im Betrieb stellt sich das Zeit-Problem für die freien Berufe oder für Männer in führender Stellung. Denn ihre Arbeitszeit ist unbeschränkt, und sie erliegen fast immer der Versuchung, durch längere und raschere Arbeit besser »voranzukommen« als der Nachbar oder der Konkurrent. Wir wollen hier nicht wiederholen, was in den ersten Kapiteln gesagt wurde. Dazu kommt, daß sie die Last der Entscheidungen und Enttäuschungen allein tragen müssen; persönliche und Familienprobleme wirken sich viel unmittelbarer auf ihr Berufsleben aus; und die Spannungen, Bitterkeiten und Frustrationen verursachen da am häufigsten körperliche Störungen, wie erhöhten Blutdruck, Herzrhythmusstörungen und Magen-Darmgeschwüre. Die Wirkung dieser allgemein als »Stress« bezeichneten Situation auf die Gesundheit wird durch folgendes Experiment einiger amerikanischer Autoren vor Augen geführt: Je zwei Affen erhielten gleichzeitig einen elektrischen Schock, der jedoch durch rechtzeitiges Niederdrücken einer Taste verhindert werden konnte. Bei einem der beiden Tiere bestand diese Taste nur aus einer Attrappe, während das andere die Möglichkeit hatte, durch Niederdrücken seiner Taste den Schock für beide zu verhindern. Bei Beendigung des Experimentes hatten sich bei dem zweiten Affen, der diese Tätigkeit ausführen mußte, Ulcera (Magengeschwüre) gebildet. Das Kontrolltier hingegen hatte schon seit langem jegliches Interesse an der Bedienung seiner Taste verloren und war apathisch, sonst jedoch gesund (Brady, Porter, Conrad, Mason, Galambos, Rioch in: Psychosom. Med. 20, 379–394 [1958] zitiert in: Die Natur des Stress, hrsg. v. Hoffmann-La Roche).

Damit ist freilich erst die Peripherie des ganzen Problems berührt. Die entscheidende Frage lautet: Wieweit erlebt der Arbeitende – im weitesten Sinn – seine Arbeit als »sinnvoll«? Wieweit kann er sie bejahen und mit Freude ausführen? Für manchen klingt das Wort »Arbeitsfreude« wohl unsinnig und weckt gar bittere Ironie. Steht man am Morgen vor einem Fabriktor, sieht man in vielen Gesichtern mehr verbissenen Willen und Resignation als Freude, und ihre Träger wollen nur ihre acht Stunden absitzen, durchstehen oder »abverdienen« – nachher fängt erst das wahre Leben an. Aber im Gespräch stellt man doch fest, wie ein Großteil auch ganz einfacher Arbeiter die Arbeit als solche schätzt. Ja, oft sieht man, wie gerade Schwerarbeiter mit einer gewissen sportlichen Freude ihren Arbeitsplatz betreten. Spezialarbeiter beschreiben mit Stolz die Finessen und Tücken ihrer Aufgabe, und sie haben auch den Blick für das Ganze, an dem sie mitwirken.

Am wichtigsten scheint aber nicht das bloß Technische an der Arbeit zu sein, sondern die menschliche Atmosphäre, in der sie ausgeführt wird: die Beziehungen zu den Kollegen, der Mannschaftsgeist und das Verhältnis zu den unmittelbaren Vorgesetzten. Ein humorloser Vorarbeiter, ein unnahbarer Abteilungschef, ein schikanöses Fabrikreglement können die ganze Arbeit zur verhaßten Pflicht machen, und die Lohnhöhe ist dann das einzig Interessante daran. Umgekehrt wirkt ein Chef, der neben überlegener Sachkenntnis solidarisch zu seinen Leuten steht und ihnen auch schwierige Situationen völlig offen auseinanderlegt, außerordentlich positiv auf den Arbeitsgeist. Er gleicht dem erfahrenen Feldoffizier, der alle Unannehmlichkeiten und Gefahren mit seinen Soldaten teilt und nie die größte Portion, den trockensten Schlafplatz oder die leichtere Last für sich beansprucht. Ist er auch bereit, die Geschäftsbilanz mit den Arbeitern durchzugehen, werden sie ihm selbst dann vertrauen, wenn er die geforderte Lohnerhöhung als zur Zeit undurchführbar erklärt.

Im Idealfall gelingt es dem Chef, jeden Arbeiter am geistigen Abenteuer des ganzen Werkes teilhaben zu lassen und damit aus ihm einen schöpferischen Menschen zu machen. – Man fragte zwei Steinmetzen, was sie tun. Der eine sagte: »Ich behaue diesen Stein«, der zweite aber erklärte: »Wir bauen eine Kathedrale.«

Versuchen wir, aus dem Gesagten einen praktischen Schluß zu ziehen, stoßen wir wiederum auf die Tatsache, daß selbst für die technische Produktion die qualitativ erlebte Dauer der Arbeit mit ihren positiven und negativen affektiven Stimmungen und dem größeren oder geringeren Stress, den sie bewirkt, noch wichtiger ist als die auf der Uhr gemessene Anzahl der Arbeitsstunden und Minuten. Gewiß bedarf die technische Regelung der Arbeit sorgfältigster Überwachung, aber das menschliche Klima, in dem sie erfolgt, ist nicht weniger wichtig, im Gegenteil. Die Industrie wird sich dieser Fragen in zunehmendem Maße bewußt, aber ihre Verwirklichung stellt an die Führer auf allen Sprossen der hierarchischen Leiter höchste menschliche Ansprüche. Sie erfordert vor allem, daß sich der betreffende Führer für sein persönliches Leben der Bedeutung der Qualität seiner Dauer bewußt werde. Extrem ausgedrückt: Es ist weniger wichtig, wieviel gearbeitet wird, als *wie* gearbeitet wird, und noch wichtiger als das, was wir tun, ist das, was wir *sind*.

Damit kommen wir noch auf einen letzten Punkt. Wenn es gelingt, den Arbeitenden den Sinn seiner Arbeit richtig erleben zu lassen, nicht nur ihren Sinn für den Betrieb, sondern auch für sein eigenes Leben, dann bekommt sein ganzes Leben eine neue Einheitlichkeit, und die Trennung zwischen »Arbeit« und »Freizeit« wird weniger schroff.

Er kommt sich dann auch während der Arbeit als ein freier, sinnvoll lebender Mensch vor, und auch während der Freizeit verliert er den Sinn und die Verantwortung seines Lebens nicht aus den Augen.

Eberhard Schapitz, Ingenieur in Karlstein, schreibt: »Es wäre selbstkritisch zu fragen, ob das übliche Leistungsprinzip nicht einen inhumanen Zug enthält.

Damit ist das Problem der menschlichen Ganzheit eng verbunden, die vom Verfall bedroht ist. Gerade sie ist das eigentlich Personale, Unverwechselbare des Menschen und soll in dem ihm gesetzten Rahmen entfaltet werden.

Betrachten wir einige Symptome, die auf eine Verkümmerung menschlicher Ganzheit hinweisen:

1. Wenn ein Mensch in innerer Spaltung lebt, also z. B. sich beruflich glänzend bewährt, aber in der Ehe und vor der Familie gänzlich versagt.
2. wenn er von jeder Propaganda manipuliert wird, von der Werbung sich Bedürfnisse aufdrängen läßt und jede Mode glaubt mitmachen zu müssen.
3. wenn er von Mächtigen leicht mißbraucht werden kann, wenn er nicht weiß oder nicht wissen will, was er tut, und hierdurch zum bloßen Instrument wird.

Solche Verkümmerung kann sich sehr wohl paaren mit intellektuellem Raffinement. Dieses aber liegt dann meist unmittelbar neben völligem Wertneutralismus« (in: Theologie und Technik, S. 31).

17. Von der Qualität der Freizeit

> Gott achtet mich, wenn ich arbeite, aber er liebt mich, wenn ich singe.
>
> *Tagore*

Wenn wir gleich hier anknüpfen, können wir sagen, daß Arbeits- und Freizeit in einem inneren Zusammenhang zueinander stehen. Natürlich besteht ein Teil der Freizeit einfach in körperlicher oder geistiger Entspannung – Sport, Spiel, Kurzweil –, aber zum überwiegenden Teil gehört sie im allgemeinen irgendeiner Liebhaberei, die oft mit großem Ernst und mit Virtuosität betrieben wird. Diese Liebhaberei bedeutet häufig eine Erweiterung oder Vertiefung der Berufsarbeit: Der kaufmännische Angestellte lernt Fremdsprachen, unternimmt große Reisen, die er gründlich vorbereitet, er sammelt Münzen, Marken oder historische Dokumente; der Maschinenschlosser bastelt die verschiedensten Apparate; der Flachmaler malt Bilder und vertieft sich in Kunstgeschichte usw. Oft steht aber die Liebhaberei zur Berufsarbeit im Gegensatz und bildet ihre innere Ergänzung: Der Buchhalter ist ein subtiler Literaturkenner, der auch selber dichtet; der Ingenieur ist Violinvirtuose; der kämpferische Politiker verbringt jeden freien Halbtag mit seiner Angelrute an einem stillen Flüßchen.

Mit der heutigen langen Freizeit ist es notwendig, die Jugend, aber auch die älteren Menschen zu lehren, diese Freizeit sinnvoll zu gestalten und ihnen Gelegenheit zu geben, sich in den verschiedenen Liebhabereien gründlich auszubilden. Man darf sich dabei nicht durch den Vorwurf des »Dilettantismus« abschrecken lassen; die aktive Betätigung in einem Handwerk, einer Kunst oder einem Sport ist eine dringende Notwendigkeit für den heutigen hochspezialisierten Fachmann, und sein ganzes Leben, der Beruf inbegriffen, wird dadurch bereichert.

Im Wort »Freizeit« ist indessen der Begriff »Freiheit« enthalten, der weit mehr bedeutet als Ungebundenheit und Willkür. Freiheit ist Verwirklichung unseres Wesens, Erfüllung unseres Personseins. Dazu gehören gewiß auch Beruf und Liebhaberei, aber das eigentlich Entscheidende ist die persönliche Begegnung: mit uns selbst, mit anderen Menschen, mit Gott. Diese Begegnung muß in der Freizeit erfolgen, oder sie bleibt aus.

Wollen wir die bereits angeführte Formulierung von Gauger aufnehmen, können wir sagen: In der Arbeitszeit tun wir alles Wichtige, das, was andere von uns verlangen und wofür sie uns entlohnen. In der Freizeit dagegen vollbringen wir das Wesentliche, das unserm tiefsten Wesen entspricht.

Freiheit bedeutet sodann die Möglichkeit der Wahl, der Entscheidung. Im Beruf haben nur wenige Menschen, und auch diese relativ selten, unwiderrufliche Entscheidungen fürs Leben zu treffen. In der Freizeit wird jeder einigemal dazu aufgerufen: Man wählt einen Ehepartner, und wir entscheiden uns gemeinsam, für unser Leben »eine neue Person« zu werden, »für gute und für böse Zeiten, für gesunde und für kranke Tage, bis der Tod uns scheidet«. Wir entscheiden uns dann, Kindern das Leben zu geben und für sie zu sorgen, solange sie uns brauchen. Das sind wohl die gewichtigsten Entscheidungen, die ein Mensch treffen kann. Wir schließen aber auch Freundschaften und gehen damit eine lebenslängliche Verpflichtung ein. Wir übernehmen die Sorge für einige hilfsbedürftige Menschen und sind damit für kürzere oder längere Zeit an sie gebunden. Oder wir entscheiden uns für den Ledigenstand und verpflichten uns damit für eine ganz bestimmte Aufgabe.

Wie die Entscheidungen auch immer fallen, sie betreffen unsere »freie Zeit« und bilden das erste, wesentlichste Anliegen unseres Lebens. Wer seinem Ehegatten, seinen Kindern und seinen Freunden zu wenig Zeit widmet, weil sein Beruf alles beansprucht, der arbeitet mit gestohlener Zeit. Es ist aber genauso unanständig, ein Geschäft mit gestohlener Zeit zu führen, als es mit gestohlenem Geld zu tun. Könnten wir alle diesen scharfen Satz beherzigen, würde es um ungezählte Familien besser stehen, und die Zeitkrankheiten wären weit seltener.

Nun wollen wir dieses Thema, das ja schon in unserm Kapitel 8 angeschnitten wurde, nicht weiter ausführen, sondern uns einem anderen zentralen Aspekt der Freizeit zuwenden.

Der moderne Mensch steht unter der fixen Idee der quantitativen Leistung. Im Beruf ist sie für ihn selbstverständlich – wiewohl sie es in Wirklichkeit nicht ist –, aber er hat immer wieder die Neigung, sie auf die Freizeit zu übertragen. Ja, er wird wahrscheinlich aus dem, was ich soeben über die Liebhabereien sagte, den Schluß ziehen, man müsse auch in diesen tüchtig sein und etwas leisten. Geht's um die Familie, will er auch dort seinen guten Willen durch Leistungen bekräftigen: Am Sonntag ladet man die ganze Familie in den Wagen und fährt drei- bis vierhundert Kilometer über Berg und Tal, um ihr etwas zu »bieten«. Abends geht man mit der Frau zu irgendeiner Veranstaltung, während die Kinder vor dem Fernsehkasten sitzen dürfen. Und erst im Urlaub fliegt man nach Mexiko, Kenia oder Japan; bescheidenere Leute begnügen sich mit den Schweizer Alpen, Griechenland oder der Costa Brava mit VW und Zelt. Sitzt man ausnahmsweise einmal zu Hause, sorgen Rundfunk, Fernsehen und selbstgedrehte Filme für Unterhaltung. Hauptsache ist, es entsteht nie eine Stille ...

Man könnte diese Haltung kennzeichnen als eine Angst vor der »leeren Zeit« – horror vacui temporis –, die man unbedingt mit irgend etwas ausfüllen, nötigenfalls »totschlagen« muß. Diese Angst ist nicht ganz unverständlich: Viele Menschen fahren nicht gern ins Leere hinaus, und der Gedanke, eine oder gar drei Stunden lang »nichts« zu tun zu haben, nicht einmal eine Illustrierte anzusehen oder ein Kreuzworträtsel zu lösen, ist ihnen unerträglich. Das hängt mit der Vorstellung der »leeren« Zeit zusammen, in deren Stunden der Sekundenpendel 3600 mal hin- und hergeht.

Diese Angst wird aber mit einem Schlag überwunden, wenn wir statt der Vorstellung von der leeren Zeit die von der erfüllten qualitativen Dauer einführen. Nun schießen wir nicht wie Kosmonauten in den leeren Weltraum hinaus, sondern wir spazieren auf einem abwechslungsreichen Feldweg mit immer neuen Aussichtspunkten, duftenden Blumen und nie gesehenen Bäumen und Mineralien. Ja, der ganze Weg lebt, und wir leben in und mit ihm.

Die Dauer ist Struktur und Trägerin unseres Lebens; wenn wir versuchen, sie bewußt zu erleben, ihren schöpferischen Prozeß staunend zu schauen, dann gelingt es uns auf einmal, uns selbst wahrzunehmen, wie wir zwischen Geburt und Tod unterwegs sind. Aber das ganz Wesentliche: Bei dieser Erfahrung geht es nicht um eine intellektuelle, psychologische Selbstbetrachtung; sondern wir begegnen existentiell unserem Selbst, getragen vom großen Geheimnis des Seins, mitgetragen mit allen übrigen Geschöpfen, Menschen, Tieren und Pflanzen.

Es handelt sich bei diesem Erlebnis nicht um eine mystische Ekstase, obschon eine solche vielleicht seine extreme Steigerung bedeutet. Wir meinen vielmehr eine schlichte Erfahrung, die jeder machen kann, wenn er versucht, einmal jedes Tun und Wollen abzustellen und nur noch seine schöpferische Dauer wahrzunehmen. Anker Larsen beschreibt wohl etwas Ähnliches mit dem, was er »das Offene« nennt. Und bekanntlich spielt das Nicht-Tun (Wu-wei) in der Philosophie des Tschuang Tse eine wichtige Rolle. Die Schwierigkeit für den modernen westlichen Menschen besteht wohl in erster Linie im Loslassen des Tunwollens und des Zweckdenkens.

Vielleicht ist es gut, zunächst einmal den einfachen Müßiggang zu pflegen, so etwa, wie ihn Karl Heinrich Waggerl humorvoll beschreibt (Die Kunst des Müßiggangs, Zürich 1959, Arche). Leider hat das Wort Müßiggang auf deutsch einen schlechten Klang; »dolce far niente«, das selige Nichtstun, gibt ihm erst die richtige Würde. Jeder Mensch sollte in seiner täglichen Freizeit dem seligen Nichtstun einen gebührenden Platz einräumen. Er wird dann eine ganz neue Verbundenheit zu den Menschen und zu den Dingen entdecken, weil dann sein Herz aufgeht und nicht mehr vom Zwang des Tunmüssens und Tunwollens erdrückt wird. Max Picard, der große Weise, drückte das so aus: »Der Mensch hat keine Zeit mehr, einem Ding wirklich zu begegnen, und er hat keine Zeit mehr für das Ding, weil er keine Liebe mehr hat. Liebe und Zeit gehören zueinander. Gott hat seinen Sohn in die Zeit geschickt, weil er Liebe hatte für die Menschen.« Und in seinem letzten Lebensjahr sagte er einmal: »Eigentlich reut mich alle Zeit, wo ich schreibe. Es ist doch so viel wichtiger, die Dinge, die Pflanzen, die ganze Natur anzuschauen.«

Dieses Nichtstun bildet indessen erst den Vorraum zur fruchtbaren Stille, wo wir nicht nur den Zwang der Zwekke abstellen, sondern wo wir uns offen und ganz dem Wesentlichen zuwenden.

Das wollen wir jetzt zu erklären versuchen.

18. Die Zwiesprache mit Gott

Das größte Wunder unseres Lebens ist, daß wir mit Gott reden können. Gerade diese Möglichkeit wird aber von vielen »modernen« Menschen bezweifelt oder geleugnet, weil sie sich Gott nicht als Person vorstellen und ihn nirgends im Raum lokalisieren können. Deshalb müssen wir hier einen kleinen Exkurs anbringen, bevor wir weiterfahren.

Der moderne Begriff »Person« setzt heute keine Substanz und keine räumliche Gestalt voraus, sondern er bezeichnet vor allem einen Knotenpunkt partnerschaftlicher Beziehungen – wie Liebe, Treue, Vertrauen usw –, analog etwa dem Elektron, das uns heute kein kleinstes Materieteilchen bedeutet, sondern einen Knotenpunkt elektrischer Wellen. Man kann auch sagen: die Person ist Ereignis und Wirkzentrum. Diese extrem funktionale, aber wissenschaftlich einwandfreie Definition der Person läßt sich sinngemäß auch auf den Aspekt Gottes anwenden, den er uns darbietet. Wer Gott, abgesehen von diesem personalen Aspekt, allenfalls auch noch ist, darüber haben wir uns keinerlei Vorstellungen zu machen, und es wird ewig sein Geheimnis bleiben. Für uns wesentlich ist aber, daß wir ihn als »Person«, als ein »Du« ansprechen können.

Die Frage nach dem »Ort« Gottes: Wo ist Gott? ist sinnlos, und jeder Versuch einer anschaulichen Vorstellung führt in endlose Widersprüche. Deshalb ja auch die Warnung: »Du sollst dir kein Gottesbild machen« (2. Mos. 20, 4). Dagegen ist Gott immer wieder in unserer Zeit wirksam gewesen, und er ist »in Jesus Christus Zeit geworden«, wie wir in unserm 13. Kapitel skizzierten. Dort sahen wir auch (besonders dann auch im 11. Kapitel), daß nach dem biblischen Verständnis der Dauer, das mit dem hier entwickelten zusammenfällt, zwischen Christus und uns »Gleichzeitigkeit« besteht, wir also auch mit ihm reden können, wie mit Gott. »Ich und der Vater sind eins.«

Ohne uns aber hier weiter auf theologische Spekulationen einzulassen, wollen wir ganz schlicht sagen: Es entspricht der Erfahrung ungezählter Millionen, auch moderner, Menschen, daß man mit Gott (oder Christus) reden kann und daß er in irgendeiner Form antwortet. Was wir vorhin versuchten, war, zu zeigen, daß diese so einfache Erfahrung den Grundbegriffen wissenschaftlichen Denkens nicht widerspricht. Wie geht das aber praktisch zu? Wir versuchen im Folgenden einige ganz konkrete Anweisungen zu geben, wie sie auch für den ganz »Unerfahrenen«, »Unfrommen«, »Ungläubigen« verständlich und praktisch anwendbar sind. Selbstverständlich haben erfahrene Beter bereits ihren Weg erprobt und brauchen diese Hinweise nicht. Sie wollen alles andere als starre Regeln sein, vielmehr Vorschläge, wie man überhaupt anfangen kann. Ich selbst fing mit 22 Jahren einmal an zu »beten«, ohne an Gott zu glauben, sondern um psychologisch zu experimentieren, was andere Menschen beim Beten wohl erleben können. Zu meinem größten Erstaunen vernahm ich eine Antwort, und dieses »Experiment« wurde so spannend, daß ich seit 45 Jahren damit nie aufhören konnte.

Das erste, was nötig ist, um Gott zu hören, ist Stille, Schweigen. »Das Schweigen ist die natürliche Basis, auf der die Übernatur des Glaubens sich vollzieht« (Max Picard). Das Gebet ist eine Zwiesprache mit Gott; wir aber machen daraus meistens einen Monolog, in dem wir allein reden und aufstehen, sobald wir fertig sind. Kierkegaard sagt: »Als sein Gebet immer andächtiger und innerlicher wurde, da hatte er immer weniger zu sagen; zuletzt wurde er ganz still. Er wurde still, ja, was womöglich ein noch größerer Gegensatz zum Reden ist, er wurde ein Hörer. Er meinte erst, Beten sei Reden; er lernte, daß Beten nicht bloß Schweigen ist, sondern Hören. Und so ist es: Beten heißt nicht sich selbst reden hören, Beten heißt stille werden und stille sein und harren, bis der Betende Gott hört.« (Drei erbauliche Reden, S. 14)

In unserer lärmigen Welt ist es nicht immer einfach, diese Stille aufkommen zu lassen. Die beste Zeit ist jedenfalls der frühe Morgen. Er ist auch der geeignetste Augenblick, um die Zeit des Tages zu überblicken. Ich kenne Menschen, die jeden Tag vor fünf aufstehen, um vor Gott stille zu werden.

Dann müssen wir genügend Zeit zur Verfügung haben, um aus der tiefen Stille Gott zu hören. Natürlich kann er einmal augenblicklich auf ein Stoßgebet antworten, aber man sollte täglich mindestens eine Viertelstunde für das Horchen auf Gott frei halten, besser noch eine halbe Stunde und an ganz schwierigen Tagen eine volle Stunde und mehr. Wer nur eine kurze Zeitspanne »opfern« will und immer wieder auf die Uhr schauen muß, darf sich nicht wundern, wenn er nichts hört. Da muß er eben früher aufstehen.

Wir dürfen von dieser Stille keine übernatürliche Offenbarung oder mystische Versenkung erwarten. Wir bitten Gott ganz schlicht, er möge unsere Gedanken leiten und uns seinen Willen, seinen Plan für uns klarmachen, dann aber auch uns helfen, unsern Eigenwillen aufzugeben.

Die ersten Gedanken, die dabei auftauchen, sind oft alltägliche Besorgungen, ein Telephonanruf oder ein Brief, den wir nicht vergessen dürfen usw. Es empfiehlt sich, diese gleich aufzuschreiben, damit sie uns weiter nicht beschäftigen. Vielleicht kommt uns dann ein Name, meistens der Name eines Menschen, an dem wir irgend etwas tun müssen: Wir sind ihm etwas schuldig, oder wir haben ihn vernachlässigt, oder wir mögen ihn nicht, oder er ist uns eine Versuchung. Schreiben wir ihn auf; denn es ist eine Mahnung. Unsere Gedanken werden sodann vielleicht auf die Situation des Horchens gelenkt: wir finden uns lächerlich, wir stehen nicht gern so früh auf, es könnte uns überhaupt etwas sehr Unangenehmes einfallen. Wenn wir auch diese scheinbar nebensächlichen Einfälle aufschreiben, dann kommen wir meistens auf sehr konkrete und wichtige Widerstände: wir entdecken plötzlich, was wir eigentlich nicht preisgeben wollen, das persönliche Reservat, in das Gott nicht eindringen darf. Das alles gehört zum Vorfeld des eigentlichen Horchens auf Gott. Es sind Einfälle, die sich nicht wesentlich von denen unterscheiden, die man bei der sogenannten freien Assoziation im Verlauf einer psychoanalytischen Behandlung produziert. Aber sie wirken eben als psychologische Reinigung.

Sind wir auf diese Weise aufgelockert, dann tauchen allmählich Gedanken auf, die uns zwar fremd sind, aber uns trotzdem gleich durch ihre innere Richtigkeit, durch ihre eigene Leuchtkraft überzeugen. Der Übergang ist meistens nicht scharf, in ihrer psychologischen Erscheinungsweise unterscheiden sich diese Einfälle nicht von den andern, aber nun passen sie wie der richtige Schlüssel zum Schloß. Es ist, als habe bisher ein Anfänger auf der Geige gespielt, und nun ergreift ein Meister dasselbe Instrument und spielt eine neue Melodie. Das ist Gottes Führung. Es ist nicht möglich, dieses Erlebnis befriedigend zu beschreiben, aber wenn man es einigemal erfahren hat, dann ist einem dieser Unterschied bekannt. Natürlich kann diese Führung schon nach kurzer Stille einsetzen, für gewöhnlich erscheint sie aber erst nach einiger Zeit, nachdem die eigenen Gedanken sich gelegt haben.

Es gibt kein einfaches Rezept, um im Gebet Gottes Antwort mit aller Sicherheit von unseren eigenen Gedanken zu unterscheiden. Oft genug gibt er uns einfach »bessere eigene Gedanken«. Manchmal ist dagegen Gottes Antwort – oder was wir dafür halten – fremd, eigenartig, und wir wissen nicht, ob wir ihr vertrauen dürfen. Es gibt hier einige Handhaben: Gott kann mit uns streng sein, uns ein schweres Opfer auferlegen oder zu einer kühnen Tat auffordern; indessen kommen nicht alle strengen und opfervollen Gedanken von Gott, es können auch eigene Zwangsgedanken sein. Umgekehrt braucht nicht alles, was unserem tiefsten Wunsch entspricht und uns Freude macht, bloßer Wunschgedanke zu sein; Gott will uns auch an Schönem und Freudevollem reiche Fülle geben. Eines der sichersten Unterscheidungsmittel zwischen eigenen und von Gott eingegebenen Gedanken ist die offene Aussprache mit einem Freund, der uns genau kennt und zugleich eigene Erfahrung hat, auf Gott zu horchen. Durch Fragen und Gegenfragen wird oft Klarheit kommen.

Gottes Antwort erfolgt nicht immer mit Worten; es kann auch eine neue Situation entstehen, ein Mensch in unser Leben treten, ein völlig unerwartetes Ereignis eintreffen, was die erbetene Lösung bringt. Die Bibel erzählt eine ganze Anzahl solcher »Fügungen«, durch die mehrere Menschen unabhängig voneinander auf das gleiche Ziel hin geführt wurden. Besonders anschaulich ist die Bekehrung des ägyptischen Schatzmeisters durch Philippus (Apgsch. 8, 26–40), die Bekehrung und Heilung des Saulus (Apgsch. 9, 1–19), und vor allem die Geschichte des Petrus mit dem Hauptmann Cornelius (Apgsch. 10, 1–44). Man möge sie dort nachlesen. Es gibt indessen Geschichten moderner, heute lebender Menschen, die nicht weniger eindrucksvoll sind.

Worauf es aber vor allem ankommt, ist, aus den Evangelien und zuverlässigen Auslegungen die Person Jesu immer besser kennenzulernen. Je vertrauter uns seine Art, man möchte geradezu sagen: sein Stil wird, je unmittelbarer und herzlicher wir ihn lieben, desto selbstverständlicher können wir mit ihm reden, und desto unverkennbarer werden uns seine Antworten. Wir erkennen Jesu Stimme aus allen anderen Stimmen heraus.

Noch geheimnisvoller ist die andere Seite der Zwiesprache, unsere Bitte und die Hoffnung, Gott möge sie erfüllen. Wir können hier nur einige Andeutungen bringen.

Emil Brunner sagt in einer Predigt über das Gleichnis vom ungerechten Richter (Luk. 18, 1–7): »Beten heißt, wenn man's recht bedenkt: Anteil haben an dem, was Gott wirkt. Gott tut deshalb, weil ich bete, etwas, was er sonst nicht tun würde. Das ist das Kühnste – ein wahrhaftig anstößiger Gedanke. Und diese Anstößigkeit, dieser Schock soll uns in diesem Gleichnis vermittelt werden. Ich will es so sagen: Gott hat es gern, wenn du ihn bestürmst mit deinem Gebet, denn dann merkt er: jetzt glauben sie mir, daß ich sie liebhabe, daß mein Herz groß genug ist, um jedes von ihnen zu kennen, ja besser zu kennen, als irgendeines sich selber kennt. Jetzt merken sie es und glauben es, daß sie mit mir zusammenwirken dürfen in meiner Arbeit, gleichsam in meiner Werkstatt, an meiner Seite. Dazu ist uns nämlich die ganze Offenbarung der Bibel gegeben, um von Gott zu erfahren, was für ein unendlich großes Interesse er an jedem von uns hat.«

Es ist hier müßig, nach Ursache und Wirkung zu fragen. Gottes Handeln entzieht sich der Kategorie der Kausalität, und wenn der Mensch »in seiner Werkstatt, an seiner Seite« steht, dann steht auch sein Beten wie sein Horchen über der Kausalität.

Das will nicht heißen, daß man mit andern Kategorien diesem Geheimnis nicht etwas näherkommen könnte. Man kann die telepathischen und Hellsehphänomene zur Erklärung herbeiziehen, man kann mit Pascual Jordan den Begriff der Komplementarität oder mit C. G. Jung den der

Synchronizität hier anwenden, und manches Wunder, das die bisherige Wissenschaft einfach leugnen zu müssen glaubte, wird »erklärbar«. Aber verliert ein Streichquartett etwas von seinem Zauber, wenn ich erklärt habe, daß es durch die Reibung von Roßhaaren auf Darmsaiten hörbar gemacht wird? Die technische Erklärung der Phänomene ist eine Sache, der schöpferische Sinn, der dahinter liegt, ist eine andere.

Das Gebet, die Zwiesprache mit Gott, hat indessen nicht den »Zweck«, von Gott bestimmte Vorteile zu erbitten oder sich von ihm einen genauen Lebensplan aufstellen zu lassen; vielmehr ist es Ausdruck der Partnerschaft, die uns Gott gewährt. Nach der Verkündigung des Gesetzes am Sinai heißt es: »Der Herr aber redete mit Mose von Angesicht zu Angesicht, wie jemand mit seinem Freunde redet« (2. Mos. 33, 11). In seiner ganzen Paradoxie schildert dieser Ausspruch genau die Situation des Betens, wenn man auch die folgende Warnung hinzunimmt: »Du kannst mein Angesicht nicht schauen, denn kein Mensch bleibt am Leben, der mich schaut« (2. Mos. 33, 20). Wir sind die Freunde Gottes, wenn wir uns des ungeheuren Abstandes bewußt bleiben. Wir könnten diesen Gedanken indessen kaum vollziehen, wenn Gott nicht in Jesu Mensch geworden und uns so leibhaftig und in der Zeit begegnet wäre. So sehr, daß der Jünger Johannes sagen kann: »Was wir gehört, was wir mit unseren Augen gesehen, was wir geschaut und was unsere Hände betastet haben ... und wir haben es gesehen und bezeugen und verkündigen euch das ewige Leben« (1. Joh. 1, 1–2). Das ist der »Neue Bund«, den Gott mit den Menschen geschlossen hat; nicht mehr auf Grund eines Gesetzes, das peinlich einzuhalten ist, sondern auf Grund seiner vergebenden Liebe, die uns in unserer ganzen Verkehrtheit, Sündhaftigkeit und Not brüderlich annimmt und unsere Last auf sich lädt.

Jetzt können wir sagen: Gott hat uns durch Jesus lieb, Gott liebt die Welt und gibt ihr seine Gnade.

19. Die Liebe zur Welt

Denn so sehr hat Gott die Welt geliebt, daß er seinen einzigen Sohn gab, damit jeder, der an ihn glaubt, nicht verlorengehe, sondern ewiges Leben habe.
Johannes 3, 16

Wir stehen alle fest in der Welt und haben unsere Aufgabe in ihr. Als Ingenieure und Bergleute, als Unternehmer und Buchhalter, als Politiker und Beamte, Ärzte und Fürsorger, Physiker und Historiker, als Mütter, Väter und Lehrer sowie in tausend anderen Berufen arbeiten wir an der Welt und den Menschen, die sie bevölkern. Nun ist uns Gott in dieser Welt nie entgegengetreten, und ein jenseitiger Gott interessiert uns nicht. Wer ist denn Gott?

Alle unsere Linien laufen hier zusammen: Gott gibt der Welt und uns die Dauer, er schenkt uns die fruchtbaren Augenblicke, die »kairoi«, und er weckt in uns die Liebe zum Nächsten, zum Du, als seiner eigenen Liebe Widerschein. In einem sehr mangelhaften technischen Vergleich ausgedrückt:
Wir »begegnen« Gott sowenig, wie der moderne Reisende dem elektrischen Strom »begegnet«, der die Lokomotive seines Zuges antreibt und alle Fahrtsignale betätigt; aber von ihm leben wir jeden Augenblick, und jede Beziehung ist auch Beziehung zu ihm.

In einem sehr bemerkenswerten Aufsatz (Die Zukunft des Glaubens in einer hominisierten Welt, in: Hochland Jg. 56, Juni 1964) zeigt Johannes B. Metz, daß die gesamte Natur heute durch die Technik ent-mythologisiert und dadurch »hominisiert«, d. h. dem Menschen weitgehend unterworfen wurde. Aber diese großartige Entwicklung der Technik wurde selbst erst durch den christlichen Glauben ermöglicht, der eine ursprüngliche Weltlichkeit der Welt gewährt. »Er ist gerade als Glaube die Offenheit für die nicht-absolute, die nicht-göttliche Weltwirklichkeit als solche, und er läßt diese deshalb in radikaler Weise als die dem Menschen zuhandene Welt begegnen; er stiftet gerade die weltliche Welterfahrung« (S. 383). Und dann beleuchtet er zur Begründung dieser merkwürdigen Aussage die andere Seite: »In der Inkarnation des ewigen Wortes wurde nicht etwa die Welt selbst unmittelbar vergöttlicht; die endgültige Zuwendung Gottes an die Welt geschah vielmehr – im Menschen: Er und nur er ist der Ort, an dem Gott die Welt und deren Geschichte unwiderruflich angenommen hat ... Er, der Mensch, ist gleichsam der Umschlagplatz zwischen Gott und der Welt geworden« (S. 384). Dadurch ist der Mensch unmittelbar unter Gottes Herrschaft gekommen, und er erfährt durch Christus hindurch Gott nicht mehr in der weiten »Natur« und dem »gestirnten Himmel über ihm«, sondern im Nächsten, im Bruder.

Damit ist unsere Beziehung zur Welt klar und nüchtern gezeichnet, und zugleich fließt Gottes ganze Liebe zur Welt durch uns hindurch. Wir sind das »Salz der Erde«, das »Licht der Welt«, der »Sauerteig, der das Ganze durchsäuert«.

Hier ist wohl ein mögliches Mißverständnis abzuwehren. Es ist nicht so, daß wir im Namen irgendeiner Ideologie in fieberhafter Hast eine neue Welt aufzubauen hätten, in der alles Übel abgeschafft wäre und das Gute allein herrschte. So sehr eine solche Welt in Gottes Plan liegen mag, so sind nicht wir ihre Baumeister, sondern unsere Aufgabe ist eine andere. Uns fällt es zu, die Liebe Christi am Nächsten zu bezeugen und seinen Auftrag für jeden Augenblick der schöpferischen Dauer zu erfüllen. Vielleicht betrifft dieser Auftrag nur den Menschen, der uns gerade jetzt begegnet; vielleicht hat er aber auch Rückwirkungen auf die nächsten hundert Jahre. Das ist die Sache des Auftraggebers. Fallen wir aber aus dem Rhythmus der wirklichen Dauer heraus und wirken mit Hetze, Willkür und Vergewaltigung des Nächsten, dann stellen wir uns auf alle Fälle quer zu Gottes Willen. Sein Reich beruht auf der Qualität des Lebens, nicht auf der Quantität der Taten.

Diese Lebensqualität wollen wir bezeugen mit festem Mut, gelassener Hoffnung und unerschütterlicher Freude an unserer Arbeit sowohl wie an den Augenblicken des seligen Nichtstuns. Die Menschen sollen uns stets wichtiger sein als die Dinge, auch die »wichtigen« Dinge, und der Weg soll uns wichtiger sein als das Ziel, auch das »hohe« Ziel. Es ist durchaus nicht gesagt, daß wir damit »Erfolge« erzielen und von den anderen dafür gelobt werden. Das hat uns Jesus nie versprochen, im Gegenteil. Wesentlich ist, daß wir auf seinem Weg vorwärtsgehen und auf seine Stimme hören.

Christoph Blumhardt stellt darüber eine eigenartige Betrachtung an: »Gott will seine Kinder mit der Welt verbunden wissen – nicht losgerissen von der Welt –, damit sie als Salz und Licht mithelfen zur Erlösung. Er läßt eher den Schein aufkommen, als habe der Vater im Himmel uns verlassen, als daß er uns aus der Welt herausschlüpfen ließe, denn damit wäre es aus und abgeschnitten. Die Beziehung zu Gott läßt sich immer wiederherstellen. Die Beziehung zu denen, die noch in der Welt sind, schwer, wenn sie einmal abgerissen ist. Deshalb muß man sich so arg durchschlagen und muß oft lieber noch eine scheinbare Scheidung zwischen dem Vater und uns stattfinden als ein Abreißen aus der Welt. Aber du darfst denken: Der Vater im Himmel ist größer als alles, und er kann es ausrichten, daß die Kinder Gottes, die einmal an den Heiland angeschmiedet sind, so fest in seiner Hand sind, daß sie in den bösesten Gruben der Welt, ja der Hölle sein können, ohne daß man sie aus des Vaters Hand reißen kann« (Heute schauen wir vorwärts, Zürich 1966, Zwingli-Verlag. 12. Februar).

Unsere heutige Situation bedingt, daß wir alle, »Christen« und »Nichtchristen«, redlich zusammenarbeiten. Die Warnung des Paulus an die Korinther, »nicht mit Ungläubigen an einem fremden Joch zu ziehen« (2. Kor. 6, 14), kann für unsere Gesellschaft nicht mehr zutreffen. Aber an uns liegt es, in jedem Fall die rechte Qualität von Leben zu bezeugen, die wir eben beschrieben. Sie kann für »Christen« genauso revolutionär wirken wie für »Nichtchristen«, und auf diesen besinnlichen Schock kommt es gerade an, der sie aus ihrer »Zeit-Krankheit« zu einem »zeit-gemäßen« Leben führen soll. Die heutigen großen Entscheidungen in der Welt fallen nicht in ideologischen Diskussionen, sondern im praktischen, alltäglichen Verhalten unseres Lebens.

Haben wir Liebe in uns? Echte Liebe für unsern Ehegatten, unsere Kinder, unsere Nachbarn, unsere Mitarbeiter, für den unbequemen Nächsten, den Rivalen, den Feind? Haben wir Freude in uns? Und strahlen wir sie auf andere Menschen aus, die Freude am Blick und am Wort des Nächsten, Freude an den Bäumen draußen, an der Blume auf dem Fenstersims, am Sonnenstrahl, in dem die Mücken tanzen? Freude am Schweren, das wir einem anderen abnehmen können, Freude darüber, daß es dem anderen wohlergeht? Geht von uns Friede aus? So, daß wir auf den Gegenschlag, auf die verletzende Antwort, auf das letzte Wort verzichten, damit Friede werde? So, daß wir uns mit dem Gegner zusammensetzen und miteinander suchen, was für beide recht ist, was auch für Dritte recht ist? Friede, der darin besteht, daß wir etwas viel Wichtigeres als unseren Streit und viel Beglückenderes als Rechthaben in die Mitte stellen? Sind wir geduldig, freundlich, gütig, treu, verständnisvoll? Und haben wir uns in der Hand, wenn unsere Aggressivität durchbrechen möchte?

Aber sind wir auch bereit, dafür zu kämpfen, daß alle Menschen auf der ganzen Welt in den Stand gesetzt werden, diese Liebe, diese Freude und diesen Frieden zu erleben?

Hier fällt die große Entscheidung.

Die Welt wird nicht durch großartige Pläne und Konferenzen gerettet werden, aber auch nicht dadurch, daß jeder an seinem Ort das Rechte tut und sich nicht um das Ganze kümmert. Will das heißen, Gott allein werde die Welt verwandeln, indem er zuletzt aus den Wolken herniederfährt und dann alles nach seinem Willen ordnet? Auch das ist nicht die christliche Botschaft. Vielmehr ist der Mensch – wir alle – mit der Rettung der Welt beauftragt, indem wir in ihr wirken wie der Sauerteig im Brot. Der Sauerteig wirkt nur, wenn die Hefepilze in ihm lebendig sind, und er wirkt nur dann, wenn er unter den anderen Teig gemischt wird. So können wir nur wirken, wenn unsere Herzen sich öffnen für die Liebe, die Freude, den Frieden, die Vergebung, die Gott ohne Unterlaß hineingießen möchte. Dann aber müssen wir an unsere sachliche Aufgabe herantreten, als Ingenieure und Kaufleute, Arbeiter und Lehrer, Forscher und Politiker, und die ganze Fülle unserer Herzen unter den Teig unserer Arbeit mischen.

Dann wird Gottes Ewigkeit weltliche Dauer, und diese mündet wieder in die Ewigkeit.

V. Das Alter und die Ahnung der Ewigkeit

Mit dem Alter – für die meisten wohl in der Mitte der Siebzigerjahre – verändert sich allmählich die Perspektive der Dauer. Anstelle des stetigen Stromes, dessen Ende nicht abzusehen und nicht auszudenken ist, wird uns immer deutlicher und eindringlicher bewußt, daß der Tod in absehbarer Zeit – vielleicht morgen, vielleicht heute schon – der Dauer unseres Lebens ein jähes Ende setzen wird.

Die meisten versuchen wohl, möglichst wenig an den Tod zu denken, zu leben, als ob es ihn nicht gäbe, ihn möglichst aus unserm Bewußtsein zu verdrängen. Aber immer häufiger werden wir in andern Menschen mit ihm konfrontiert: Da stirbt ein alter Freund, ein Altersgenosse, ein jüngerer Bruder, unser geliebter Ehepartner, den wir mehr lieben als unser eigenes Leben.

Mit der Zeit kommen wir uns vor wie die letzten Arven* vor dem heranrückenden Gletscher. Die nachfolgende Generation sieht uns bestenfalls als sympathische Zeugen der Vergangenheit an, aber in der heutigen Welt haben wir nichts mehr zu melden. So fühlen wir uns zusehends allein; wir haben im allgemeinen keine große, langatmige Aufgabe mehr vor uns; mit dem nahenden Tod wird sowieso al-

* Alpenzirbelkiefer

les ausgespielt sein. – Natürlich nehmen wir uns zusammen, wir lassen die andern von unseren Gefühlen nichts merken, und wir führen unsere Arbeit lächelnd und mit frohem Mut weiter. Wie es zutiefst im Herzen aussieht, ist unser Geheimnis.

Indessen machen wir im Alter auch eine Reihe merkwürdiger Erfahrungen: Ab und zu überfällt uns ein Gedanke, von dem wir spüren, daß er nicht nur für die allernächste Zeit gilt, sondern daß er uns überleben wird, um in andern fruchtbar weiterzuwirken. Und wiederum können wir bei gewissen Menschen unmittelbar vor dem Tode einen Frieden, eine heitere Gelassenheit, ja sogar eine strahlende Freude wahrnehmen, die nicht nur für dieses Leben gelten können, sondern Vorboten des Ewigen Lebens sein müssen.

Im Alter und in der Nähe des Todes erfahren wir in besonders deutlicher Weise die Transzendenz der Dauer, von der wir früher sprachen. (S. 47–51) Allem Anschein nach über-dauert unsere Person ihre leibliche Gestalt; ich und du *dauern* noch weiter, über unsern leiblichen Tod hinaus. In diesem Augenblick ändert sich aber die ganze Perspektive des Alters und des Todes radikal: Sterben bedeutet das Abstreifen unseres sichtbaren Leibes, während unsere übrige Person unter neuen Bedingungen weiterlebt.

Das Erlebnis des Sterbens wird von Eckart Wiesenhütter in seinem Büchlein *Blick nach drüben* (Stundenbücher Bd. 119) an einer Reihe von Selbsterfahrungen bei Menschen, die im letzten Augenblick doch zum Leben zurückkehrten, höchst eindrücklich geschildert. Es ist wohl das wertvollste Zeugnis auf diesem Gebiet. Eine Ärztin schreibt nach einer Lungenembolie: »Vielleicht kann man es so ausdrücken, daß mir seither alles geliehen vorkommt … Der Abstand ist unüberbrückbar; der Tod, wenn vielleicht auch nicht immer ganz nah, so doch irgendwie als Freund immer spürbar. Alles ist geliehen und kann jeden Augenblick zurückgefordert werden ... Die Dimension, in der allein das Sterben erlebt werden kann, ist in mein Leben eingebrochen und beherrscht es ... Wie kann man solches Erleben vor Menschen ausbreiten, denen der Zugang dazu fehlen *muß*? ... Ist es die Angst, daß man in anderen die eigene Vermessenheit erkennen könnte, mit dem Tode nah, fast als Freund, täglich umzugehen, und daß die Sehnsucht wächst, ihm wieder zu begegnen – im Sterben?« (a. a. O. S. 77/9)

Nach diesen nüchternen Selbsterfahrungen, meist von Ärzten, über das Sterben interessiert uns, genau wie unsere Vorfahren seit Jahrtausenden, die Frage, was *nach dem Tode* mit uns geschehen wird. Man kann sich dabei an irgendein religiöses Dogma halten, das über Fegefeuer, Himmel und Hölle genaue Auskunft gibt oder aber die Seelenwanderung und die endlosen Wiedergeburten beschreibt. Ich muß persönlich gestehen, daß mich alle diese Beschreibungen (wie sie etwa in der ausgezeichneten Übersicht von Erich Fleischhack, *Fegefeuer*, 1969, oder Alfons Rosenberg, *Die Seelenreise* zusammengestellt sind) sehr fremd anmuten und in keiner Weise befriedigen.

Viel konkreter sind die Botschaften Verstorbener über ihren Zustand. Man mag zuerst solche Botschaften als primitiven Aberglauben oder gefährliche Magie abtun. Aber wenn man moderne Berichte kritischer Parapsychologen über ihre Erfahrungen an Medien studiert, gewinnt man doch die Überzeugung, daß es sich hier – vielleicht mit wenigen Ausnahmen – um durchaus ernstzunehmende Tatsachen handelt. Ohne hier näher darauf eingehen zu können, möchte ich drei besonders nüchterne Bücher empfehlen: Das umfangreichste und ausführlichste ist das Standardwerk von Emil Mattiesen, »*Das persönliche Überleben des Todes*«, 3 Bde. Besonders für Ärzte interessant ist der Bericht eines Psychiaters über die Heilung von Geisteskranken, aus denen er den Geist eines Verstorbenen austrieb und durch seine in Hypnose liegende Frau endgültig ins »Totenreich« schicken konnte. Das Buch heißt: Carl Wickland, »*Dreißig Jahre unter den Toten*«. Sehr anregend und lebendig geschrieben ist schließlich der Selbstbericht des Mediums Arthur Ford, »*Bericht vom Leben nach dem Tode*«. Es wirkt ganz besonders kritisch.

Aber, nicht wahr?, diese konkreten, persönlichen Aussagen über das Sterben geben uns, so interessant sie sind, keine wirkliche Auskunft über den Tod. Sie sagen nur aus, daß mit dem leiblichen Sterben noch nicht alles aus ist und daß der Mensch noch eine Zeitlang weiter dauert. Aber wir erhalten keine Kunde von Menschen, die schon vor vielen Jahren gestorben sind. Der Tod bleibt nach wie vor das große Geheimnis.

In allen Weltreligionen wurde versucht, dieses Geheimnis zu lüften: im realistisch ausgedachten Totenreich der alten Ägypter, in der drückenden Lehre der endlosen Seelenwanderung (Wiedergeburt), die im Buddhismus endlich im Nirvana zur Ruhe kommt, oder im Glauben an eine unsterbliche Seele, die sich im Augenblick des Todes vom sterblichen Leibe loslöst.

Im Gegensatz dazu spricht das Alte Testament auffallend wenig von einem Leben nach dem Tode – so wenig, daß die Sekte der Sadduzäer bestehen konnte, die ein solches Überleben überhaupt leugnete. Im Neuen Testament hingegen ist durchwegs von der *Auferstehung*, ja der »Auferstehung des Fleisches« die Rede, nachdem der Tod ganz ernst und total angenommen wird.

Die zentrale Tatsache, die alle vier Evangelien berichten, ist die Auferstehung Jesu nach seiner Kreuzigung. Die voneinander etwas abweichenden Schilderungen der vier Evangelisten und das Zeugnis des Paulus, der die meisten Augenzeugen persönlich kannte, erhöhen den Wahrheitsanspruch des zentralen Ereignisses und wecken auch beim kritischen Leser die Überzeugung, daß hier etwas völlig Unerhörters geschehen sein muß. Hüten wir uns, hier gleich Deutungen, Hypothesen und weittragende Theorien anzuknüpfen, und begnügen wir uns mit der Tatsache, daß hier auf irgendeine geheimnisvolle Weise die Mauer des Todes durchbrochen und ein Blick in das »Leben der Auferstehung« ermöglicht wurde.

Hüten wir uns insbesondere davor, den Tod in einem Sinn zu deuten, der sich nicht notwendig aus der biblischen Botschaft ergibt. Ich denke hier vor allem an die nur von Paulus ausgesprochene Idee, der Tod sei eigentlich unnatürlich und erst durch Adams Sünde in die Welt gekommen (Röm. 5,12–21; 1. Kor. 15,21), so daß er den Tod geradezu als »der Sünde Sold« (Röm. 6,23) bezeichnet. Leider wurde diese Idee von der Theologie bis auf den heutigen Tag eifrig aufgenommen, obschon sie weder im Alten Testament noch in den Evangelien eine Rolle spielt und obschon sie jedem modernen wissenschaftlichen Denken schroff widerspricht. Wie befreiend sagt demgegenüber Karl Barth: »Daß es gerade und von der Hoffnung auf Christus her eine Befreiung zum *natürlichen* Sterben gibt, das beruht darauf, daß das Sterben des Menschen an sich und als solches nach der Ordnung des Schöpfers zum Leben seines *Geschöpfs* gehört und diesem also *notwendig* ist ... Gerade das definitive Zusammensein des Menschen mit Gott als Sinn und Ziel des menschlichen Lebens erfordert es, daß es selber definit sei, eine Grenze habe. Auf dieser Grenze fällt die göttliche Entscheidung zu seinen Gunsten, die der Inhalt der neutestamentlichen Heilsbotschaft ist.« (KD III/2, S. 779) Und noch: »Der Mensch als solcher hat also kein Jenseits, und er bedarf auch keines solchen; denn Gott ist sein Jenseits. Daß er, Gott, als des Menschen Schöpfer, Bundesgenosse, Richter und Retter sein schon in seinem Leben und endgültig, ausschließlich und total in seinem Tode treues Gegenüber war, ist und sein wird, das ist des Menschen Jenseits.« (KD III/2, S. 770)

Hier erahnen wir den Zusammenhang von *Dauer* und *Ewigem Leben.* Während die Uhrenzeit mit dem letzten Herzschlag eines Menschen für diesen jäh aufhört, währt die Dauer, wie wir am Anfang dieses Kapitels sahen, noch fort. Hier erklärt sich der merkwürdige Ausspruch Jesu: »Mühet euch nicht um die Speise, die vergeht, sondern um die Speise, die ins ewige Leben bleibt.« (Joh. 6,27) Die paradoxe Wendung »ins ewige Leben bleiben« kennzeichnet den geheimnisvollen Übergang von Dauer in Ewigkeit.

Wir haben keine exakte Vorstellung davon, wie unsere Lebensdauer in die Dauer nach dem leiblichen Tod übergeht, und erst recht nicht, wie sich diese zum Ewigen Leben verhält. Aber das ist Gottes Geheimnis und Überraschung. Wir können uns auch nicht vorstellen, daß das Ewige Leben eine unendliche Folge von Minuten, Stunden und Jahren sein könnte, vielmehr ist sie die göttliche Form der erfüllten Dauer. Wir sind und bleiben Gottes Partner, und das genügt uns.

In dieser Perspektive wollen wir den Tod ernst und zugleich getrost aufnehmen. Weder wollen wir ihn als »der Sünde Sold« betrachten, noch ihn zu einer bloß leiblichen Begebenheit verharmlosen, bei der die Seele befreit davonfliegt. Vielmehr anerkennen wir seine Naturnotwendigkeit und vertrauen gleichzeitig fest darauf, daß uns Jesu Hand jetzt nicht losläßt. Denn er hat gesagt: »Ich bin die Auferstehung und das Leben. Wer an mich glaubt, wird leben, auch wenn er stirbt.« (Joh. 11,25)

LITERATURHINWEISE

ADLER, L. Die Bedeutung der jüdischen Festtage, 120 S. Basel (o. J.) Friedr. Reinhardt

BACKMANN, G. Wachstum und organische Zeit. 195 S. Leipzig 1943, Barth

BARTH, K. Kirchliche Dogmatik. insbs. Bd. I/2, II/1, III/1, III/2, III/4. Zollikon-Zürich, Evang. Verlag

BAVINK, B. Ergebnisse und Probleme der Naturwissenschaften, 813 S. 8. Aufl. Bern 1945, Francke

BERGSON, H. Essai sur les données immédiates de la conscience, 184 p. Paris 1888, Alcan (= Zeit und Freiheit, Jena, Diederichs)

– L'évolution créatice, 399 p. Paris 1907, Alcan (= Schöpferische Entwicklung, ibid.)

– Durée et simultanéité, 245 p. Paris 1922, Alcan

BERTALANFFY, L. v. Theoretische Biologie. 2 Bde. Berlin 1932/42, Bornträger

BOMAN, TH. Das hebräische Denken im Vergleich mit dem Griechischen, 186 S. Göttingen 1954, Vandenhoeck & Ruprecht

BRUNNER, E. Das Ewige als Zukunft und Gegenwart, 240 S. Zürich, 1953, Zwingli

BUBER, M. Das Problem des Menschen, 169 S. Heidelberg 1948, Schneider

– Ich und Du, 138 S. Berlin 1922, Schocken

DELLING, G. Kairos, in: Theol. Wörterbuch z. Neuen Testament, Bd. III, S. 456/65, Stuttgart 1938, Kohlhammer

EICK, J., u. GAUGER, K. Angina temporis. Zeitnot, die Krankheit unserer Tage, 48 S. Düsseldorf 1955, Droste (43. Tausend)

EISENREICH, H. Wovon wir leben und woran wir sterben. 56 S. Hamburg 1964, Furche-Bücherei Bd. 223

FLEISCHHACK, E. Fegfeuer. Die christlichen Vorstellungen vom Geschick der Verstorbenen, 272 S. Tübingen 1969, Katzmann

FORD, A. Bericht vom Leben nach dem Tode, 304 S. München 1972, Scherz Verlag (Orig. Amerikan.: Unknown but Known. My Adventure into Meditative Dimension. New York 1971, Harper & Row)

FOURASTIÉ, J. Les 40.000 heues. Inventaire de l'avenir, 246 p. Paris 1965, Laffont-Gonthier

HEIDEGGER, M. Sein und Zeit. 438 S. Halle 1927, Niemeyer

Kierkegaard, S. Einübung im Christentum, übers. Schrempf. 248 S. Jena 1933, Diederichs
– Drei fromme Reden, übers. Bärthold. Halle, Fricke
Larsen, J. A. Der Stein der Weisen, 552 S. Leipzig/Zürich 1924, Grethlein
Mattiesen, E. Das persönliche Überleben des Todes, 3 Bde. Berlin & Leipzig 1936/9, de Gruyter.
Minkowski, Eug. Le temps vécu. 1933
Monakow, C. v., et Mourgue, R. Introduction biologique à l'etude de neurologie et de la psychopathologie, 392 p. Paris 1928, Alcan
Picard, M. Die Welt des Schweigens, 243 S. Erlenbach/Zürich 1950, Rentsch
Picht, G. Die Erfahrung der Geschichte. 54 S. Frankfurt 1958, Klostermann
v. Rad, G. Theologie des Alten Testaments. 2 Bde. 511 u. 448 S. München 1962, Kaiser
Rosenberg, Alfons. Die Seelenreise. Wiedergeburt, Seelenwanderung oder Aufstieg durch die Sphären, 238 S. Bietigheim 1971, Turm Verlag
Sasse, H. Aion. In: Theol. Wb. z. NT, Bd. I, S. 197–209
Spindler, G. P. Neue Antworten im sozialen Raum, 411 S. Düsseldorf 1964, Econ
Stroh, H. Der Terminkalender, 40 S. Hamburg 1960, Furche-Bücherei Bd. 186
Der Ingenieur als Mensch vor dem Problem der Technik, 96 S. Vorträge von Gruner, G., Streiff, Fr., Studer, E., Böhler, E., Bovet, Th., Rich, A., David, J. Zürich 1958, Schweiz. Bauzeitung
Theologie und Technik, 58 S. Vorträge von Ostertag, A., Schapitz, E., Gottfroh, H. München 1966, Evang. Bildungszentrum
Weizsäcker, C. F. v., Juilfs, J. Physik der Gegenwart, 134 S. Göttingen 1958, Vandenhoeck & Ruprecht
Weyl, H. Zeit–Raum–Materie, 288 S. Berlin 1921, Springer (4. Aufl.)
Wickland, C. Dreißig Jahre unter den Toten, 476 S. Remagen 1957, Otto Reichl (Orig. Amerikan.: Thirty Years among the Dead. Los Angelos 1924, National Psychological Institute)
Wiesenhütter, E. Blick nach drüben. Selbsterfahrungen im Sterben, 88 S. Hamburg 1974, Furche-Verlag. Stundenbücher Bd. 119.